D1573612

Ulrich Stuber Vo Schybewüscher u Goferedechle

Vo Schybewüscher u Goferedechle

Heiteri Gschichte rund um ds Outo vom Ulrich Stuber

Buchverlag Fischer Druck AG, Münsingen

1984
© Buchverlag Fischer Druck AG, 3110 Münsingen
Alle Rechte vorbehalten
ISBN 3 85681 094-3

Inhaltsverzeichnis

Aarou Wescht	7	Wäg ere Parkbuess	53
Im Parkhuus	9	We me pressiert isch	56
Winterreiffe	12	E Buess	58
E verschneite Parkplatz	16	Basler Zolli	61
E Chläber	18	Urloub	64
D Schybewüscher	20	Es Tête-à-queux	66
Tanke	23	Abschleppdienscht	68
Der Stoubsuger	26	Ds Trottinett	71
Vive la France!	28	E Mietwage	74
Fasnacht	30	En Outoschelm	77
Fahrstung	35	Heizue	79
Es stinkt!	38	Fahrprüeffig	82
Getriibeschade	40	Vernissage	84
En Ersatzwage	43	Meersöili-Spreu	87
Der Goferschlüssel	45	Elektrischi Schybe	89
E chlyneri Reparatur	48	Im Gofer ybschlosse	92
Ungerwägs uf Züri	51	Ds Öpfelgröibschi	95

Aarou Wescht

E Blick uf d Uhr am Armaturebrätt und e Kontrollblick uf d Armbanduhr: Wohl, es het no guet glängt. Am füfi het er müesse z Aarou sy, der Herr Blösch; jetz isch's sächzäh füfedryssg gsi.
Der Motor het glychmässig gsuuret. Der Wagen isch schön gfahre, gäng öppe bi hundertfüfezwänzg ume. D Outobahn isch nume so unger eim düre grütscht.
Do vorne het's wider Camions gha, grad schaarewys. Eine hinger em angere! U d Outo sy usen uf d Überholspur. Dä. U dä ou. Und ou dä chunnt no! Gsehsch, was han i gseit! Mi chönnt doch ou chlei wyter dänke weder nume grad e Naselengi, het der Herr Blösch vor sech ane brümelet. He jo, we me doch scho vo wytem gseht, dass men use mues. Är het ömel scho wyt hinger der Blinker gstellt und isch überen i d Überholspur. U jetz het er müesse Gas zrügglo, wil er uf di Längwyler ufgfahren isch. Mit nume no knapp hundert isch men uf der Überholspur gfahre.
«Längwyler!» het der Herr Blösch gruuret. Er het sogar no chlei müesse brämse.
Do liechthüpelet's hinger ihm. Im Rückspiegel het der Herr Blösch e Sportwage gseh, e graue. Jetz het dä scho wider gliechthupet.
«Geit's no?» het der Herr Blösch i Rückspiegel gchältschet. «I cha dänk ou nid schnäller fahre, du Dubel!»
Gäng u gäng wider het dä Sportwage zündtet. Wo dä nid het wölle höre mit sym Liechthüpele, het der Herr Blösch der Rückspiegel uf d Nachtstellig kippt u vor sech ane brümelet: «O blos du mir doch!»
D Kolonnen uf der Überholspur isch ender no langsamer worde, wil's gäng no Fahrer het gha, wo use sy cho. Mi isch jetz öppe bi achtzg gsi. U dä Sportwage het nid ufggä mit

Liechthupe. D Laschtwäge sygen ou chuum nööcher cho, het's der Herr Blösch dunkt.

«He nu, du Aff», het der Herr Blösch ggiftelet, «so gang doch!» Und er isch i d Normalspur übere grütscht.

Der silbergrau Sportwagen isch füre – u der Herr Blösch grad wider use. 's het guet glängt; ds nächschten Outo het gnüegend Abstand gha.

Jetz isch der Herr Blösch mit knapp nünzg hinger däm Sportwage gfahre, u ds Güegi het ne gstoche: «Wie du mir, so ich dir!» het er knurret u d Liechthupe betätiget. Einisch, zwöimol, gäng u gäng wider. «So, gang jetz dänne, we du chasch!» het er brummlet u: «Allez, geit's nid es bitzeli schnäller?»

Mi isch gäng no nid bi dene Camions gsi u gäng no weniger als hundert gfahre. Der Herr Blösch het gliechthüpelet u sy hälli Freud gha. Är het über ds ganze Gsicht y grinset.

Jetz isch's ändtlech chlei schnäller ggange: hundert – hundertzäh. Mi isch zu de Camions cho, a den erschte verby – hundertzwänzg ... Aha, do vorne sy di erschte scho wider ygschwänkt u di schnällere dusse blibe. Der Herr Blösch isch ou hinger sym Sportwage blybe chläbe. Hundertdryssg hei si jetz gha.

D Liechthupen isch gäng no ggange.

Hundertvierzg. Der Herr Blösch het nid naaggä. U we's nen e Buess müesst choschte, het er sech gseit, es wär ihm grad glych. Dä tuusigs Liechthüpeler mües jetz ou no öppis ha von ihm. Und er het wyter gliechtet, eis um ds anger Mol.

Der Sportwagen u der Herr Blösch sy jetz no di einzigen uf der Überholspur gsi, mit guet hundertfüfzg. Di angere hei si alli überholt gha. U gäng no het der Herr Blösch d Liechthupe drückt, gäng u gäng wider.

Und ungereinisch isch's ihm ufggange: Das do vori – das

syg d Usfahrt gsi für uf Aarou! Jetz heig er doch mytüüri d Usfahrt für uf Aarou verpasst!
Jä nei, das syg doch nid müglech, das gäb's doch nid! het er sech gseit. Är isch langsamer gfahre, het sech i d Normalspur zrügg lo troole. Ds Liechthüpele het er vergässe. A der Landschaft het er sech gluegt z orientiere. Wowohl, dört linggs wär d Strooss gsi, won er hätt sölle fahre!
E Blick uf ds Armaturebrätt – e Kontrollblick uf d Armbanduhr: Wohl, we's nid z wyt göng bis zur nächschten Usfahrt, de chönnti's no länge, het der Herr Blösch feschtgstellt.
Und er het Glück gha. 's isch nid lang ggange, het's «Aarau Ost» gheisse, und er het use chönne. E wyten Umwäg het er nid müesse mache; aber er het sech glych heimlech u heilig versproche, settegi Spiili wöll er de i Zuekunft nümm mitmache.

Im Parkhuus

Mit glängwylete, länge Schritten isch der Manfred Liechti ds Perron uuf und ab glüffe. Der Zug heig öppe zäh Minute Verspätig, hei si vori im Lutsprächer düreggä, u das het sy Luun keis Gymeli bbesseret; dass är di Tante Louise het müesse go abhole, isch ihm scho meh als zwider gsi.
«E wohl, Manfred», het sy Frou gseit gha. «Du weisch doch, si isch schlächt z Fuess; de di Umstygerei, u lang warte müesst si ou no uf en Aaschluss.»
Mira wohl! Jetz isch er do gsi, u di Tante Louise hätt dörfe cho. Är het zum x-te Mol uf d Uhr gluegt, u wo dä Zug ändtlech ygfahren isch, het der Manfred Liechti gchummeret, är kenni se de am Änd nid i all dene Lüt.

Hingäge si het ihn sofort kennt. Scho vo wytem het si grüeft, är söll nere d Gofere cho reiche, die syg uversichtig schwär. U gäb si schwär gsi isch! Mi hätt chönne meine, d Tante Louise chöm für drei Wuchen u nid nume für drei Tag z Visite.

Sider dass si übeträppelet sy zum Parkhuus, het d Tante Louise gschwärmt, was für nätti Lüt si troffe heig im Zug. Si heige's wunderbar chönne mitenang, u brichtet, brichtet! «Weisch, Manfred, im Zug isch's eifach viil nätter als im Outo», het si gmeint. «Do lehrsch Lüt kenne, sägen i dir, Lüt! Eh, isch das nätt gsi. Es het mi fasch duuret, uszstyge.»

«Aha», het der Manfred Liechti gseit.

Wo si sy do gsi, het er der Parkschyn i Outomat gschobe, drei Franken ynegstossen u der Schyn wider gno. Nächär sy si i Lift – u do isch's em Manfred Liechti ufggange, dass er nümme wüssi, won er ds Outo parkiert heig. Uf ds Gratwohl het er ds dritten Ungergschooss drückt u ghoffet, das chöm guet.

Aber si sy chuum usgstige gsi, het er gmerkt, dass si do lätz syge. Do het er nid parkiert gha. Isch's ächt im zwöite gsi? 's hätt äbesoguet ds vierte chönne sy.

«Los, Tante, wartisch do uf mi!» het er i syr Verlägeheit gseit. «I gange hurti ds Outo go reiche.» D Gofere het er näben ihren abgstellt und isch dervoghaset, d Stägen ab i ds Vieri.

Nei, do isch's ou nid gsi, het der Manfred Liechti nach emne churze Kontrollblick feschtgstellt. Also: i Lift, ufen i zwöit!

Aber ou dört het er chönne luege, so stierlige win er het wölle, sys Outo isch nid do gstange. Tuusig abenang! Nöime het's doch müesse sy! Ömel ab der Chüeweid heig's nid chönne, het er sech gseit.

So, vo jetz aa het er mit Syschtem derhinger wölle. Är isch wider i Lift u zoberscht ufe gfahre, het dört alles abgchlopfet, nächär di ungeri Etage und so wyter, alles bis zungerscht – nume ds dritten Ungergschooss het er übersprunge, wäge der Tante Louise.

Won er sys Outo ou zungerscht nid het gfunge gha u keis wyters Gschooss meh isch fürblibe, het er sech i de Haar gchratzet u halblut brümelet: «De isch's halt glych im Drü!»

Verdammt ugärn isch er jetz wider i ds dritten Ungergschooss gfahre, für der Tante go z säge, är heig sys Outo niene gfunge, es mües do nöime stoh. Aber jetze, es isch ihm nüüt angers blibe!

Wo der Lift ghalte het, isch er usgstige, het es schiefs Lächlen ufgsetzt, wo grad wider erfroren isch. D Goferen isch no do gstange wo vorhär, aber d Tante Louise nid.

He nu, das het ihn nid wyter plaaget. Är spari sech so nen Erklärig, het er für sech dänkt u gmeint, d Tante syg öppen uf ds WC. Erscht jetz isch's ihm yne, dass er se fei chli lang heig lo stoh bi dere ganze Suecherei.

Ds Outo het er ou no gly einisch gfunge gha. Wen er chli besser hätt gluegt bim erschte Mol, hätt er's fasch vom Lift uus möge gseh.

Är isch paarmol hinger der Gofere hin u här glüffe, einisch drufghocket, aber grad wider ufgstange, wil er dänkt het, si gsuuch's nid gärn, we si jetz grad chämti. Nächär isch er wider uuf und ab gspaziert, d Häng uf em Rügge, het d Outo gmuschteret, wo sy düregfahre, allpott uf d Uhr gluegt, u meh weder einisch het er zwüsche de Zähn düre gchiflet: «Wo steckt jetz ou di tuusigs Tante!»

Öppe nach ere Viertelstung isch's ihm z bunt worde. Churzerhang het er di Gofere gno u se zum Outo treit, verstouet, no einisch churz zum Lift hingere gluegt, u won er gäng no kei Tante het möge gseh, isch er ygstigen u furtgfahre, heizue.

Ungerwägs het er sech sälber erklärt, d Tante syg schliesslich en erwachsene Mönsch u chönn sälber uf sech ufpasse. Die wärdi sech scho wüsse z hälfe, u we müglech syg si sogar mit em Zug hei, we si doch sövel gärn Zug fahri.

Won er deheime zueche gfahren isch u parkiert het, isch ihm d Frou etgäge cho.

«Was isch los gsi?» het si ne besorgt gfragt.

«Eh – d Tante han i verlore», het er gchlagt u d Gofere zum Outo uus gno. «Si isch uf einisch verschwunde gsi u nümm umecho.»

«D Tanten isch scho nes Wyli do», het d Frou Liechti gseit.

«Si het Outostopp gmacht.»

«Outostopp?!»

«Jo. Du heigisch so lang gmacht für ds Outo go z reiche, u di Warterei syg ere z Dräck verleidet, het si gseit. Do syg si halt ggangen u heig Outostopp gmacht. Was isch de ömel ou los gsi?»

«Nüüt Bsungers», het er abgwehrt. «I ha halt ds Outo nid grad gfunge, u nächär isch si scho furt gsi.»

Si sy zäme zum Huus glüffen und yneggange.

«Ah, my Gofere!» het ne d Tante Louise begrüesst. «Guet dass du ändtlech chunsch; i sött scho lang e Naselumpe ha.»

Winterreiffe

«Alpennordseite: weiterhin bedeckt; Niederschlägc. Schnee teilweise bis in die Niederungen», het's us em Radio tönt, und us der Chuchi het ds Rösli Winzeler lut-

starch ds Echo gmacht: «Schnee bis in die Niederungen.»
«Teilweise», het der Walter Winzeler dä Wätterbricht relativiert u wyter i der Zytig bletteret.
«Jetz müesse di tuusigs Winterpneus druuf!» het ds Rösli us der Chuchi gmacht, und är het i aller Seelerueh gmeint: «Jo, die müesse mer jetz de druf tue.»
«Muesch du!» het ds Rösli präzisiert u der Gaffee uf e Tisch gstellt. «U zwar no hütt!» Das Hütt het tönt wi nes Usruefzeiche.
«Klar», het er i aller Gmüetlechkeit gseit. «I ha Zyt.»
Es isch Samschtig gsi, zmittag. Der ganz Nomittag het er frei gha, und er het's gnosse, a kener Termyne müesse z dänke.
Ds Rösli Winzeler isch fasch chlei verwunderet gsi, dass der Walter kei Usred brunge het. U bim Gaffeeyschänke het si nachedopplet: «Sofort nach em Gaffee.»
«Sofort nach em Gaffee», het er i d Zytig yne brummlet, und uf das abe het ds Rösli nüüt dergäge gha, dass er sech es Grappa für zum Gaffee isch go reiche.
Aber zum Rederwächslen isch es du glych nid cho. Zerscht het der Walter no nes Telefon gha, nächär het er mit em Robärt di Heizigsgschicht müesse bespräche, u druuf hei si no Visiten übercho. Wängers vo Grossaffoltere hei hurti zuechegha, u mi het zämen es Tee trunke. Wo si ggange sy, het's scho gfyschteret gha – u für d Reder z wächslen isch's z spät gsi.
Der Föhn het einewäg die Wätterprognose zungerobsi gheit. Es het no ne herrlech warme Spätherbscht ggä, d Sunne het all Tag gschune, 's isch verhältnismässig warm gsi. D Passionsblueme hei hinger de Fänschterschybe blüejt – ke Mönsch het mögen a Schnee und Ysch dänke.
Der Radio het wider einisch zümftig dernäbe ghoue!
Aber wo's öppe zäh Tag später wider gheisse het: «. . . und

im Norden kühler. Schnee strichweise bis in die Niederungen», het ds Rösli mit der flache Hang uf e Tisch tätscht u mit Grabesstimm gmacht: «Walter! d Winterpneus!»
«Hm? Aha! Jo jo, mach i. Am Samschtig.»
«Hütt no», het ds Rösli gseit, wi we's emne Hung würd «Fuess!» befäle.
«Unmüglech!» het der Walter ufbegährt. «I bi einewäg scho spät dranne, i sött scho furt sy. I mache's de am Samschtig.»
Mi het sech uf e Frytig mittag geiniget.
Aber irgend öppis isch derzwüsche cho, und am Samschtig isch's ömel ou nid ggange. Am Mändig isch me gäng no mit Summerpneus go ychouffe, und am Zyschtig i d Souna ou. Und am Mittwuchen isch's losggange. Der Luft het dicki, schwäri Schneeflocke desumegwirblet u sen i ds Gras und a d Böim ane pflaatschet.
Ds Rösli u der Walter sy hinger der Balkontüre gstangen u hei dere Trybete zuegluegt.
«Gsehsch jetze!» het ds Rösli kommentiert, und er het schuldbewusst gschwigen und a d Winterpneus dänkt dunger im Chäller.
Aber wo nach emne Zytli d Sunne wider düre het mögen u di wysse Fläre gschmulzen und i schwarze Bech d Strooss zdürab sy, het er mit ere Handbewegig uf ds Fänschter gmacht: «Gsehsch?»
U wil's einewäg Zyt wär gsi, zum ds Outo i Service z bringe, het er sech gseit, si chönnte de d Winterreder grad ou no montiere. Dene göng das ringer weder ihm.
Är het no der glych Nomittag ds Outo aagmäldet u scho für zmorndrisch der Termin übercho. Am Oobe het er d Winterreder vom Chäller ufe treit u sen im Gofereruum vom Outo verstouet.
Am Morge, churz vor de sibne, het er ds Outo bi der

Garage abgstellt, d Schlüsslen i Briefchaschte gheit und isch z Fuess i ds Büro.

Öppen am zähni het der Herr Schaller vo der Garagen aaglütet.

«Dihr, Herr Winzeler», het er gseit, «wäge de Winterreder.»

«Jo?»

«Die sy jo scho druffe. Das, was Dihr im Gofereruum heit, das sy d Summerreder! – Syt Dihr no do, Herr Winzeler?»

«Jo», het der Walter Winzeler chlei chyschterig Bscheid ggä. «Jä – de tüet se halt nid druuf.»

De bin i also der ganz Summer lang mit de Winterpneus gfahre, het sech der Walter Winzeler überleit, won er der Hörer ufgleit het gha. U hätt d Summerpneus drufto, wen i d Reder sälber gwächslet hätt. Heitere Fahne!

Am Oobe, won er isch hei cho, het er di Summerreder wider aben i Chäller treit. Nächär isch er i ds Badzimmer go d Häng wäsche.

«Sy jetz d Winterpneus druff?» het ds Rösli nach der Begrüessig wölle wüsse, und er het ohni grosse Kommentar zur Antwort ggä: «Jo, d Winterpneus sy druff.»

Wo's im Radio du wider gheisse het: «. . . und im Norden weitere Niederschläge, teils als Schnee bis in die Niederungen. . .», het ds Rösli kommentiert: «Bin i froh, dass d Winterpneus druffe sy!» Und er het es «Mhm!» brummlet u d Zytig gläse.

E verschneite Parkplatz

Wo der Peter Rünzi uf e Parkplatz aben isch cho, het er nid schlächt gstuunet: Luter wyssi Güpf sy dört gstange, u drunger allwäg alles Outo! Es paar Lüt sy scho dört gsi, wo hei geschtikuliert u diskutiert.
Rünzis sy über ds Neujohr i d Schyferie ggangen u hei's guet preicht gha. 's het e Huuffe Schnee gha, u gwüss fasch all Tag het d Sunne gschune. Weder äbe, vornächti, do het's du aagfange schneie, u bis hütt am Morge het's nümme ghört.
Mi het Eile mit Weile gspiilt u sech Zyt gno für zäme z prichte; längwylig worden isch's ömel niemerem. Aber hütt hätt men äbe sölle heizue fahre.
Der Peter Rünzi het scho dänkt gha, ds Outo syg allwäg tief ygschneit. Är het vorsorglecherwys d Schneeschufle vom Feriehüsli mit abe gno. Aber dass es grad derewäg strub syg, das het er sech glych nid vorgstellt gha.
Zum Glück het er no gwüsst, won er der Wage het parkiert gha: i der dritte Reie, zwöite vo linggs. Unger däm Schnee hei d Outo alli glych usgseh.
Als erschts het er sech e Wäg zum Outo bbahnet. Är het gschuflet wi nid gschyd. Der Schnee het er linggs u rächts usegheit; sölle die de sälber luege, het er sech gseit.
Je nööcher dass er zum Outo häre cho isch, descht süferliger het er der Schnee dännegschuflet. Chräbel het er keine begährt a sym Outo. U won er ganz dranannen isch gsi, het er der Bäse gno.
Jetz isch di linggi Syte dracho. Är het sech süferli e Bahn gmacht zwüsche sym und em angeren Outo; nächär isch er wider hinger go aafo u het di rächti Syte dragno.
Vordüre het er nume grad ds Gröbschte wäggschuflet, u jetz het er mit em Bäse ds Dach befreit.

Es wär zwar allwäg chalt gsi, aber der Peter Rünzi het scho lang d Schyjaggen abzoge gha u sen i Schnee gleit. Ou so, numen im Pullover, het er no gschwitzt wi nen Ankebättler.
Scho nes Zytli het er eine gseh gha, won ihm ufmerksam zuegluegt het, u jetz, won er e Momänt verschnuufet u derzue gstudiert het, göb er der Pullover ou no wöll abzieh, isch's ihm use: «Gället, Arbeiten ist schön, man könnte stundenlang zusehn!» Der anger het nume ds Muul zumene Grinse verzogen und am Stumpe gsugget.
Der Peter Rünzi het beschlosse, er bhalti der Pullover anne. So zum Stoh isch's nämlech no früsch gsi, u lang isch's einewäg nümme ggange. Är het i d Häng gspöit u wider zum Bäse greckt.
Ds Dach wär suber gsi. Jetz het er der Schnee vornen abbugsiert. U druuf isch wider d Schufle dracho, für ds Grobe wägzmache.
Drufabe ds glychlige hingerabe. Langsam het's aafo Blaatere gä. Der Peter Rünzi het es paarmol stillgha, für d Häng chlei z ryben u der Bäsen angers i d Finger z näh.
Aber jetz isch er scho zum Finish cho: d Fänschter, d Türgriffe, ds Chüelergitter, ds Nummero...
Was ächt dä dört obe so z gwungere heig, het sech der Peter Rünzi scho ds x-te Mol gfragt. Grad het er wider im Verschleikten obsi blinzlet, u do het er gseh, wi der anger ggangen isch. D Häng i de Hoseseck, der Stumpen im Muul, d Zipfelchappe tschärpis uf em Chopf.
«Komische Heilige!» het der Peter Rünzi brummlet u wyter bbäselet. Aber ungereinisch het er ufghört – nächär no zwee Streichen über ds Nummero gwüscht, einisch linggs u einisch rächts...
«Herrgott Millione!» isch's ihm use, und entgeischteret het er das Nummero gschouet. Das isch jo gar nid sys gsi,

tuusig abenang! Jetz het er doch mytüüri ds lätzen Outo usgrabe gha! Zwar haargenau ds glychlige – aber äbe nid sys!

«Am Änd no däm Gaagger sys!» isch's em Peter Rünzi dür e Chopf gschosse, und er het umegluegt, göb er ne no gsej. Aber dä isch verschwunde gsi.

Jä jetze, do het alles Wättere nüüt abtreit. Das Outo do isch es frömds gsi! Sys, em Peter Rünzi sys, isch no nöimen unger em Schnee gstange.

E Byscht u ne Bärz – u der Peter Rünzi isch dür dä tief Schnee gstoglet, der Bäsen i der Hang, u het eim Outo nach em angere ds Nummero abgwüscht. Erscht ds füften isch sys gsi.

U jetz het er wider chönne vo vornen aafo.

E Chläber

Heitere Fahne! Usgrächnet hütt, won er einewäg scho spät drannen isch gsi, het das Outo nid wölle cho. Scho zum dritte Mol het der Gyger Walter drääit – u gäng no nüüt! Är het Schuel gha, der Schrynermeischter Gyger. Gäng am Mittwuche. Mit em dritte Lehrjohr. Di Gwärbschuel het ihm's no chönne, nume hätt me nid gäng so nes Gjufel sölle ha. Dä Morge het er no sym Stift müesse Büez gä, nächär isch der Arbeiter ou no mit öppis cho – und usgrächnet, won er wär parat gsi für furt, isch doch ds Telefon no ggange. U jetz, wo's pressiert hätti, het ds Outo nid wölle! Mira wohl! Es letschts Mol het der Gyger Walter probiert, u wo's gäng no nid het wölle klappe, isch er usgstigen u het churzerhang i Lychewagen übere gwächslet. Uf irgend en Art het er jo uf das Lyss müesse – u für einisch het's dä Lychewagen ou to.

Es het ömel grad no glängt. Viil z früe isch er nid gsi, won er uf em Parkplatz bi der Gwärbschuel zuechegfahren isch. Aber der Bösiger Heinzu, e Stift, isch ou grad erscht härecho. Dä het nid schlächt gstuunet, won er der Herr Gyger het us emne Lychewage gseh styge. Der Gyger Walter het ömel es Grinsen uf de Zähn verdrückt, sy Mappe gno und isch ynen u d Stägen uuf.

I der Pouse hei du d Kollege der Gyger Walter no chlei uszäpflet wägem Lychewage, und es sy paar trääfi Sprüch über ds Abläbe gfalle.

Aber item. D Houptsach isch schliesslech gsi, dass er do syg, het sech der Gyger Walter gseit, u der Unterricht isch sowyt normal glüffe. Är isch ömel zfride mit sich u de Pursche gsi, won er zmittag Schluss het gmacht.

Won er d Tafele putzt het gha u d Sache verruumt, het er no ne Rundblick i ds Schuelzimmer gworfe, nächär isch er use, het bschlossen und isch vorusen uf e Parkplatz.

Natürlech! Das hätt er sech jo chönne dänke, isch's em Gyger Walter dür e Chopf gschosse, won er di Tschuppele Schrynerstifte het gseh warte. Der Lehrer imne Lychewage – bitte schön!

Är het derglyche to, wi wen er nüüt gmerkt hätt, und isch i dä Lychewagen ygstige, wi wen das di natürlechschti Sach vo der Wält wär. Uf ds Hallo vo de Giele het er nume lässig mit der lingge Hang gwunken und isch dervogfahre.

Uf der Bürestrooss het eine hinger ihm ghornet, u wo der Gyger Walter het hingeregluegt, het er gseh, wi dä hinger ihm der Vogel zeigt. U won er am Hirscheplatz het müesse warte, syn ihm Töffli- u Velofahrer rächts füre, wo alli so kurlig grinset und ihm zuegnickt hei. En elteri Frou het öppis umegfuchtlet u wüescht to; der Gyger Walter het nid rächt gwüsst, göb's ihn aagangi oder nid.

Uf all Fäll isch's jetz grad grüen worde, u mi het chönne

fahre. Der ganz Heiwäg het's der Gyger Walter dunkt, öppis stimmi nid. Eine, wo nen überholt het gha, het öppis probiert überezbäägge. Der Gyger Walter het nid verstange, was.
Deheimen isch er zuechegfahre, het der Lychewage vor der Schrynerei abgstellt und isch usgstige. Gäb er ynen isch für go ds Zmittag z ässe, het er grad no hurti e Rundgang um sys Outo gmacht. Es het ne glych wundergno, was do dranne so ussergwöhnlech sygi.
Uf der Syten isch nüüt Bsungers gsi; aber hinger het er du gseh, was d Lüt gguslet het: E Chläber isch zmitts uf der schwarze, blitzblanke Tür gsi: «Holz isch heimelig!»
«Dihr tonners cheibe Kameeler dihr!» het der Gyger Walter vor sech ane brümelet u syner Stifte dermit gmeint. Är het sech wohl chönnen usrächne, wo das Helgeli härchöm! U mit emne breite Grinse het er sech drahi gmacht, das Bildli ab der Lychewagetüre z chraue.

D Schybewüscher

Är het ihm's versproche gha; süsch wär der Ärnscht Brunner hinecht nid der Wage vo sym Kolleg go reichen i der Garage.
Scho bi der Reception het's Schwirigkeite ggä. E Vollmacht hätt er sölle ha – u die het er äbe nid gha. U der Füereruswys het er ou no müesse go holen i sym Auto vorusse.
«Git's Erger?» het d Fründin wölle wüsse, wo dusse gwartet het.
«'s schynt!» het er mutz gmacht und isch wider yne. Är het

en Erklärig müessen ungerschrybe, won er nume so überfloge het. Öppis vo Yverständnis vom Fahrzüüghalter u Haftig u Versicherig isch druffe gstange. Druuf het er d Schlüsslen übercho, u me het ihm zeigt, i weler Richtig das Fahrzüüg stöng.

Der Ärnscht Brunner isch no einisch hurti bi der Fründin düre, het dür ds Fänschter y Kunzyne ggä, wo me sech de wöll träffe, und isch druuf uf d Suechi nach em Wage vom Kolleg.

Das isch gar nid emol so eifach gsi. Es het nämlech ganz Hüüffe dere Wäge gha, eine wi der anger, u's hätte paar vonen em Kolleg syne chönne sy. Item, nach zwene gschyterete Versueche het der Schlüssel passt, u der Ärnscht Brunner isch ygstige.

Dä Kolleg heig ömel ou läng Scheiche, het sech der Ärnscht Brunner gseit u der Hebel gsuecht, für der Sitz z verstelle. Rächts – linggs – wider rächts. – E der tuusig! nöime het er doch müesse sy! Aha, do isch er gsi. Ändtlech het er ne gfunge gha u der Sitz chönnen i di passendi Position schiebe.

So. Jetz aalo. Är het der Schlüssel drääit. Nüüt. No einisch! Bim dritte Mol isch's ggange; der Wagen isch aagsprunge.

Also. Jetz der Rückwärtsgang. Kupple – süferli loslo – halt! 's isch füretsi ggange! Em Züüg aa isch das nid der Rückwärtsgang gsi. He nu, de no einisch: kupple – schalte, u jetz los! Stopp! Scho wider e Vorwärtsgang! Jetz sy's gwüss nume no paar Santimeter bis zum Haag gsi, u dä cheibe Hingertsigang het der Ärnscht Brunner gäng no nid gfunge gha!

Warte, überlege, ruehig blybe! het sech dä jung Maa kommandiert. Är het ds Kuppligspedal chrampfhaft düretschalpet und allergattig usprobiert. No einisch isch er öppe füf Santimeter füre gfahre, und ungereinisch het er's

gwüsst: ufezieh! Der Ring ungerem Griff het me müessen ufezieh, klar! U suber, jetz isch's ggange. Der Wagen isch hingertsi gfahre, won er d Kupplig süferli het lo goh.
Är het gchehrt, nächär isch er langsam im erschte Gang dür di Reie vo Fahrzüüg düre gfahre, füre zum Usgang.
Der Blinker het er gfunge, und er het scho linggs blinket, aber im letschten Ougeblick het er sech angers bsunne. Bi däm Sächsiverchehr linggs abbiege – mit emne frömde Wage – nei! Und er het rächts gha. Irgend nöime chöm er de scho wider hingerfüre, het er sech gseit. Drei Stroosse wyter – di angere sy Einbahnstroosse gsi – het er wider rächts chönnen abbiege, u jetz isch der Ärnscht Brunner im zwöite Gang gäng grediuus gfahren u het sech gseit, irgend nöime mües er jo de wider chönne rächts ha – u do het's aafo tröpfele!
Jetz hätt er de gwüss öppe rächts müessen abha, het's ne dunkt. U der Rägen isch giftiger worde. Wo's ächt der Schybewüscher heig?
Rächtsabbiege verbotte! Das ou no. Hm! Wär ächt das der Schalter für e Schybewüscher gsi? Nei, das isch der Schynwärfer gsi. Oder das do? Ou nid. Das isch d Lüftig gsi. Usschalte.
Ändtlech! Do het me chönne rächts yspuure. He nu, gäng das. Aber wo wären ächt d Schybewüscher gsi? Es het afange gschiffet, dass es nümme schön gsi isch. D Fuessgänger, wo vor ihm über e Streiffe glüffe sy, hei ganz verwaggelet usgseh unger ihrne Schirme, wi uf emne moderne Bild. U ds Rotliecht het me drü- oder vierfach gseh.
Der Ärnscht Brunner het no nen angere Chnopf probiert, aber das isch ds Horn gsi, und er het sech gschämt; 's het ne dunkt, zringsetum luegen ihn alli so blöd aa. Und er wär froh gsi, we's ändtlech wär grüen worde.

Do isch's grüen worde. Aber vor luter Gjufel het er der dritt Gang verwütscht statt der erscht, u der Motor isch ihm abgsärblet. Zmitts uf der Chrüzig het er ne neu müesse starte, u dasmol isch's nid sys Horn gsi, won er ghört het. Är isch ömel no furt cho, gäb di angere Grüen hei gha. Aber dür d Schybe het er gäng wi weniger gseh. Är het no einisch e Chnopf grysgiert u dasmol der Ventilator verwütscht.
Ds Linggsabbiegen isch du no rächt guet ggange, und unger der Ungerfüerig düren isch er ou cho.
Jetz het er rächts blinket u nach emne Parkplatz Usschou ghalte. Tatsächlech, do isch no eine frei gsi! Ganz hübscheli isch er dry yne gfahre.
Gäb er der Motor abgstellt het, het er no einisch e Schalter probiert – u dasmol isch's der Schybewüscher gsi! Der Ärnscht Brunner het grinset. Also, für nes angers Mol wüsst er de, wo der Schybewüscher syg, het er vor sech ane brümelet, u nächär der Motor abgstellt.
«Du hesch jetz ömel ou e Lengi gha!» het d Fründin gseit, wo der Ärnscht Brunner zueneren isch ghocket. «Het's Problem ggä?»
«I wüsst nid wiso», het er gmeint u ne Stange bstellt. «E Souverchehr, gäll.»

Tanke

Scho bizyte het sech d Frou Häberli uf e Wäg gmacht für i ds Dorf. Si het wölle go komissiönle. Das göng am früeche Morge ringer, we's no fasch kener Lüt heig, het si sech gseit.

Aber jetz heig si's doch fasch z guet gmeint gha, het si sech müesse säge, wo si scho am zäh vor achti im Dorf isch gsi. D Läde hei erscht am achti ufgmacht. Jä nu, das syg jetz grad glych, de göng si no hurti go tanke, das mües ou no sy. Si het bim Bärtschi vorne zuechegha, ghalten u der Motor abgstellt. Druuf isch si zum Outomat u het di dritti Süülen ygstellt. Es isch nid ds erschte Mol gsi, dass d Frou Häberli hie tanket het.

Jetz het si d Zwänzgernote, wi's uf em Bildli gstangen isch, ynegstosse. Der Outomat het se packt, si isch yne.

D Frou Häberli het scho wölle go der Schluuch ab em Hebel hole – do het si's so komisch ghört knacke. Si isch blybe stoh, e Schritt zrügggange... Das het's doch süsch nid gmacht! U jetz isch e Zedel usecho: Fälschung!

«E der tuusigs Donner!» isch's der Frou Häberli use. Si het natürlech nid gluegt gha, was si do für ne Zwänzgernoten ynegstosse het; aber dass das e Fältschig hätt sölle sy, wär nere nid im Troum i Sinn cho. Die mües neren öpper aadrääit ha. Am Ändi no uf der Poscht geschter. Dört het si doch dä Hunderter gwächslet.

Si het der Chopf gschüttlet u di nächschti Zwänzgernoten us em Portemonnaie gno. Aber gäb si sen ynegsteckt het, het d Frou Häberli di Note ganz genau gmuschteret, isch mit de Finger drüber gfahren u het se gäge ds Liecht gha. Erscht wo alles gstimmt het – der Faden isch ou do gsi – het si di Prozedur widerholt: d Taschte drückt, d Noten ynegstosse...

Do het's wider so aarig knacket.

Si isch blybe stoh. U dä Zedel isch wider usecho: Fälschung! Usruefzeiche.

«Das git's doch nid!» het si lut kommentiert u dä Zedel i de Häng drääit. Jetz het si ou nümme wyter gwüsst. Dass di erschti Zwänzgernote hätt chönnen e Fältschig sy, das hätt

si no chönne gloube; si het se jo ou nid wyters gschouet gha. Aber di zwöiti – nei, das het si nid gloubt!
Si het desumegluegt, göb si öpper vo der Garage Bärtschi gsei. E junge Maa isch düreglüffe, d Häng i de Hoseseck, u dä het so glungig glachet.
Aha! isch's der Frou Häberli ungereinisch ufggange. Jetz nume ganz ruehig blybe! E klare Fall: der Kurt Felix mit syre versteckte Kamera! Si het sech doch geschter no gfragt gha, was ächt das blaue TV-Outo do z sueche heig. Jetz het si's gwüsst!
Blitzschnäll het si sech überleit, was sech am Bildschirm am beschte miech: lächlen u fridlech usgseh? Mit de Pfüüscht uf dä Outomat losgoh? Vilicht eifach ystygen u dervofahre? Hinger ds Outo vo der Frou Häberli isch en angere Wage gfahre. Jetz het es se wunder gno, wi's däm gangi, u si isch ygstige, het ihres Outo aaglo und isch chlei füre gfahre. Nume sövel, dass der anger het chönne tanke. Nächär isch si wider usgstige.
Dä jung Maa hinger ihren isch ou usgstige, het ds Portemonnaie zückt und isch a Outomat. Är het e Zwänzgernoten ynegsteckt und isch go der Stutzen abhebe. Wo nüüt cho isch, het er chlei gnietig umegluegt, het ne wider ufghänkt und isch zum Outomat.
Ds Zedeli isch scho dört gläge, u d Frou Häberli het gwüsst, was er gläse het: Fälschung!
Dä Pursch het mit de Pfüüscht uf dä Outomat ygschlage, dass es nume so polet het, u d Frou Häberli het chlei nydisch dänkt, das gäb allwäg di wirkigsvolleri Ufnahm weder bi ihre. Passiert isch aber nüüt.
Dä jung Maa het gfluechet u der Outomat ou no mit de Füess traktiert. Nächär het er a allne Chnöpf desumegfälihert. Es het alles nüüt abtreit.
Jetz müesst de der Kurt Felix cho, het d Frou Häberli dänkt.

Do isch der Calderari, en Aagstellte vom Bärtschi, um en Egge cho. Fei chlei ärschtig. Süsch isch er ender e Schlarpi gsi.
«Excusez!» het er däm Pursch scho vo wytem grüeft. «Mir hei e Panne. Der Outomat spinnt. Momänt!» Und er het es paar Chnöpf drückt, der Schluuch gno und aafo fülle. «Voll?» het er gfragt, u dä Pursch het gnickt.
Erscht wo dä Pursch het volltanket gha und furtgfahren isch, het d Frou Häberli em Calderari gseit, si heig de zwo Zwänzgernoten i Outomat gsteckt; u si het di zwöi Zedeli «Fälschung!» (mit Usruefzeiche) als Beleg vorgwise. Druuf het si ihres Bänzin ou übercho, und es het se schuderhaft duuret, dass si der Kurt Felix nid het chönne luege.

Der Stoubsuger

Am Frytig het d Frou Bärger Granium heibracht für uf e Balkon, u jetz isch ds Outo fei chlei dräckig gsi.
«Bruuchsch du morn ds Outo nüüt?» het si ihre Maa gfragt, u wo dä es Nei brummlet het hinger der Zytig füre, het si beschlosse, si gangi's de zmorndrisch bi der Agip-Tankstell go stoubsugere. Es het dört en Outomat gha.
Am Samschtig, no vor em Komissiönle, isch si dört zueche gfahre, het ds Outo abgstellt und isch usgstige, go d Gebruuchsaawysig läse.
Mi mües en Eifränkler i Schlitz stosse u nächär der Chnopf drücke, u de louffi dä Stoubsuger zäh Minute lang, het's gheisse. D Frou Bärger het en Eifränkler i Schlitz gstosse, der Chnopf drückt – es isch nüüt passiert.

Si het no einisch uf dä Chnopf drückt, u wo das ou nütt abtreit het, isch si nomol hinger d Gebruuchsaawysig. Nei, glätzget heig si nüüt, het si gfunge, no paarmol resolut uf e Chnopf drückt u der Chopf gschüttlet.

Nächär het si no einisch e Franke gno u nen i Schlitz gstosse, druuf der Chnopf chräftig drückt – u jetz isch es bim Donner wider nüüt gsi! Mi het a däm Chnopf chönne rigle, wi me het wölle, dä chätzers Stoubsuger het u het nid wölle!

Jetz isch d Frou Bärger toube worde, und i der Töibi inne het si däm Outomat e Schutt ggä – u do ruuret's, der Stoubsuger isch glüffe.

Zerscht isch si fasch chlei erchlüpft; aber nächär het si ds Rohr vom Hoogge gno u für sech sälber gmacht: «Aha, derewäg geit das!»

U du het si aagfange ds Outo stoubsugere. Grad zerscht d Bodedecheli bi de Hingersitze, die hei's am nötigschte gha. Nächär het si d Decheli usegno u der Bode unger dene gsugt. U's het gäng no glängt, für vornen ou no z putze.

Uf d Uhr gluegt het d Frou Bärger nid, aber es het se dunkt, das syge jetz no längi zäh Minute. Bis's nere z Sinn cho isch, dä Stoubsuger louffi jetz dänk für beid Eifränkler. Do isch si grad no hinger d Sitze. Di Polschter hei's ou afe nötig gha.

Aber wo du alli Polschter tipptopp suber sy gsi u's keis einzigs Fädeli meh het gha, isch dä Stoubsuger gäng no glüffe. Jetz syg das de gwüss bald e Halbstung, het d Frou Bärger dänkt.

«Jä nu, mira wohl!» het si brümelet, isch go der Goferereruum ufmachen u het dä grad ou no useputzt. Nötig het er's jo gha.

Aber jetz het's mytüüri nüüt meh z suge ggä, u der Stoubsuger het gäng no nid wölle schwyge.

Do het d Frou Bärger das Rohr wider ufghänkt, win es sech ghört, het's lo wytersuren und isch ygstige.
«Sug du mynetwäge d Wulchen ab em Himel!» het si zum Outomat übere gmacht, der Motor aaglo und isch dervogfahre.

Vive la France!

Zueggä, das Belfort syg chlei e Tygg von ihm, het sech der Walter müesse säge; aber wäge däm hätt ds Monika glych nid grad derewäg müesse tue. Jetz hei si scho nes ganzes Wyli nüüt meh Rächts zäme prichtet, eigetlech scho sit Delémont nümm. Grad no so ds Nötigschte: «Gisch mir d Identitätschartene?» am Zoll, und: «Do.» Das isch eigetlech alles gsi.

Der Walter het z Belfort schöni Zyte verbracht, und er het sech i Chopf gsetzt gha, syre junge Frou di Stadt einisch go z zeige. Nid gnue het er chönne schwärmen u rüeme – u derby nid gmerkt, dass ihre das Belfort scho lang zum Hals uus ghanget isch.

«Lue, d Sunne!» het er jetz süferli probiert und es: «Mhm!» umen übercho.

«Luschtig, wi di Rägetröpfli im Gras glitzere», het der Walter nach emne Zytli gluegt aazhänke.

«Die glitzeren im Ämmital präzys glych», het ds Monika mutz umegmacht u ds Fänschter abedrääit. Es isch warm worden im Outo.

«Mira», het er ihre Faden ufgno, «das ma sy; aber d Lüt – lue de nume, d Lüt sy ganz angers, so – so ufgschlosse, fründlech...»

«...nätt, hilfsbereit, liebenswürdig», het si nen ungerbroche. «I kenne di Platte scho. Leg en angeri uuf.»
«Aba.» Är het blinket u ne Traktor überholt. «Lue de sälber. Wirsch de scho gseh; 's isch eifach ganz angers weder bi üs.» Und er het wider der Viert ynegleit.
Öppe füf Kilometer lang hei si gschwige. Jedes isch syne Gedanke nacheghanget.
Do sy si i ne grösseri Ortschaft yne gfahre. Der Walter hätt nid emol chönne säge, wo si do syge. Der Wägwyser «Belfort» hingäge het er scho gseh gha, und er isch i di richtegi Fahrbahn yspuret. Nächär het er müesse warte, wil d Amplen uf Rot isch gstange.
«Lueg jetz chli dene Lüt zue!» het der Walter ds Monika gmüpft. «So gmüetlech! So heiter! Die chöi der Fyrobe no gniesse.»
«Keis bitzeli angers als z Burdlef», het ds Monika komentiert.
«E wohl!» Der Walter het nach Wort gsuecht. «Acht mol uf d Ouge, dä Blick isch doch...»
«Grüen!» het ds Monika drygredt.
«Wi meinsch jetz das?» het er ganz verschmeiet wölle wüsse, u si het nachedopplet: «Es syg grüen; mi chönnt fahre.»
«Aha.» Är het der Gang ygleit u Gas ggä. Ds Outo isch aagfahren u grad wider mit emne Ruck blybe stoh. Der Motor isch gstorbe. Der Walter het verzwyflet der Aalasser drääit. Es het gsuret u görgelet – der Motor het nid wölle aaspringe.
D Amplen isch wider uf Rot gstange. Der Walter het mit emne rote Chopf gäng u gäng wider probiert. Dä chätzers Motor het nid wölle. Em Walter isch der Schweiss nume so abeglüffe.
Ungereinisch sy d Fahrer hinger ihm wi uf Kommando

usgstigen u füre cho. Ohni es Wort hei si zviertehöch ds Outo vom Walter aafo schiebe – der Walter het no grad Zyt gha, der Gang useznäh.

«Das», het er zum Monika übere gseit, «das isch jetz äbe di französeschi Hilfsbereitschaft, won i meine. Eine het Päch – sofort het der Franzos ds Gspüri: Do muesch hälfe. Vive la France!»

Di vier Manne hei gstosse, der Walter het ne mit emne glückleche Lächle zuegwunken u greiset.

Aber zmitts uf der Chrüzig, näbem Inseli, hei ne di Hälfer uf einisch lo stoh, sy dervo ghaset, und im Rückspiegel het der Walter gseh, wi si i ihrer Outo ggumpet sy u Gas ggä hei. U jetz sy si einen um der anger an ihm verbygfahre.

Der Walter het no nid ganz begriffe gha, was do los syg, wo scho d Outo vo rächts losbrüelet hei u vor ihm düregschosse sy. U de druuf die vo linggs, nächär vonedüre, hingerfüre, wider vo rächts...

«Vive la France!» het plötzlech ds Monika lysli gmacht.

Do het er's a nes Ärveli gno, u zmitts i däm Rummel hei si enanger es längs, längs Müntschi ggä.

Nächär het er schwär gschnuufet u gchychet: «We mer je wider us däm Zirkus use chöme, fahre mer hei uf Burdlef.»

«Aber zerscht wott i z Belfort no ne Glace», het ds Monika ghöische. «Pistache.»

Fasnacht

Uf der Outobahn het's no nes Gymeli Schnee gha, u d Frou Wysseier isch nid z schnäll gfahre. Ihre Maa uf em Näbesitz het ufpasst wi ne Häftlimacher. Si het ihm das nid öppen

übel gno, bhüetis! 's isch jo ou erscht öppen e Monet gsi, sider dass si d Prüeffig het gmacht, u si het sech nid ybbildet, si chönn jetz fahre.
Ungereinisch het's polet. Der Herr Wysseier isch umegschossen u het hingere gluegt, wil's ne dunkt het, öppis syg furtgfloge. 's isch ihm gsi, är gsei öppis Wysses dervorugele und uf em Pannestreiffen im Schnee verschwinde.
«Was isch das gsi?» het d Frou Wysseier erschrocke gfragt.
«I weis es ou nid», het er gmacht u d Achsle zuckt. «En Yschbitz vilicht. Müglech wär's.»
Chlei uruehig isch er scho gsi, der Herr Wysseier. Aber wil ds Outo so schön glychmässig wyterglüffen isch, het er dä Zwüschefall langsam vergässe. Wo hingäge sy Frou nach paarne Kilometer het gfragt, was das für nes rots Lämpli syg, wo do lüüchti, isch er närvös worde.
«Das wird öppe nume d Sunne sy, wo dryschynt», het er brummlet und isch übereglähnet. Är het nid möge gseh, göb's tatsächlech brönni oder göb's nume der Widerschyn vo der Sunne syg.
Im Tunnel isch's du klar gsi: Das rote Lämpli het tatsächlech brönnt! «D Ladeaazeig», het er gmeint. «D Batterie ladet nümm uf. Entweder der Alternator – oder 's cha sy, dass es der Transmissionsrieme putzt het, vori, wo's so gchlepft het.»
«Mues ig uf e Pannestreiffe?» het si gfragt.
«Nenei», het se der Herr Wysseier beruehiget. «Solang mer keis Liecht bruuche, macht das no nüüt.»
Aber won er wyter uf ds Armaturebrätt het glüüsslet, het er ungereinisch gseh, wi d Tämperatur vom Chüelwasser obsi chlätteret, gäng wyter, unufhaltsam.
«Nimm di nächschti Usfahrt!» het er ghöische, u sy Frou het grad rächts blinket, isch langsamer gfahren u het di Usfahrt no verwütscht.

Jetz isch der Tämperaturaazeiger zoberscht gsi u het nümme wyter ufe chönne.

«Häb do bi däm Restaurant zueche!» het er befole, u si het scho blinket und isch uf e Parkplatz gfahre, het d Handbräms zogen u der Motor abgstellt.

Si sy beidi usgstige. Är het d Verrigelig vo der Motorhube glöst und ufgmacht. Ganz schön heiss isch's do inne gsi! Und er het uf en erscht Blick gseh, dass der Transmissionsrieme lugg hanget. Aber ganz isch er no gsi.

«Hm!» het er gmacht u sech i de Haar gchrauet. «Das chan i nid sälber repariere.»

«Em Touring aalüte!» het si vorgschlage.

«Mhm.» Är het no einisch sträng i dä Motor yne gluegt, nächär het er d Hube zuegschlage. «Göh mir afange go nes Gaffee ha», het er vorgschlage.

Im Restaurant hei si Gaffee bstellt, und er het gfragt für go z telefoniere. Nächär isch er go der Touringhilf aalüten u het Bscheid übercho, es chöm grad öpper.

Tatsächlech: Si hei ds Gaffee no nid emol ustrunke gha, isch dä gälb Wage scho uf e Parkplatz gfahre.

«Täätsch du zale?» het der Herr Wysseier gfragt. «I gieng de grad use.» Ohni e Bscheid abzwarten isch er ggange.

«Grüessech», het er der Touring-Patrouilleur uf em Parkplatz zum offnige Wagefänschter y aaghoue. «'s wär dä Wyss dört äne. I ha telefoniert: Wysseier.»

«Aha», het dä Patrouilleur gmacht und isch hingertsi näbe Wysseiers Outo gfahre. Der Herr Wysseier het sider scho d Motorhuben ufgmacht gha, u wo dä TCS-Maa isch cho luege, het er gmeint: «Der Rieme wär no ganz. Cha men en ächt wider dramache?»

«Nobis!» het dä Maa ganz dezidiert gmeint.

«Warum nid?»

«Wil's ds Pouly abgschlage het.»

Der TCS-Patrouilleur het uf ene Stell zeigt, u der Herr Wysseier het aagsträngt gluegt u nüüt gseh.
«Aha», het er gmacht. «Jä, chöit Dihr das flicke?»
«Nobis», het der TCS-Maa gseit. «Mir müessen e Garage finge. Aber Dihr wüsst: Hütt isch Sunndig!»
«Äbe, jo.» Der Herr Wysseier het immer no das Pouly gsuecht, wo's abgschlage heig.
Der Patrouilleur isch i sy Wage gstigen u het gfunket. Nach paarne Zahlen u komische Wörter het er nach ere Garage gfragt u düreggä, was er mües ha. Druuf isch es e Zytlang still blibe, nächär het es Fröilein Bscheid ggä, wider paar Zahle gseit. Wider isch's still gsi. Der TCS-Patrouilleur het «Merci, fertig!» gseit u ds Mikrofon yghänkt.
«Also», het er em Herr Wysseier aafo usenangersetze, «de müesse mer i di Garage fahre. I mues Euch abschleppe, wäg der Chüelig. Nume...» Är het uf d Uhr gluegt. «Der Fasnachtsumzug foot grad aa!»
«Jä, hättit Dihr dä wölle go luege? Süsch...»
«Nei, das nid. Aber mir müesse dür d Route düre. Vilicht längt's no vorhär.» Der Patrouilleur isch go nes Seili holen u het fachmännisch di Abschleppete zwäggmacht. D Frou Wysseier isch scho nes Zytli derbygsi u het däm Züüg stillschwygend zuegluegt.
«Han ig öppis lätz gmacht?» het si jetz lysli ihre Maa gfragt.
«Aber nei. Bisch es Baabeli», het er se gluegt z tröschte. «'s het es Pouly abgjagt. Das cha jedem passiere.»
«Me wär zwäg!» het der Patrouilleur gwunke, u si sy ygstige, är dasmol a ds Stüür, sii uf e Näbesitz.
Der Herr Wysseier het verflüemeret ufpasst, dass ds Seili gäng schön straff bliben isch, bsungers, wo's no der Stutz ab ggangen isch. Aber dunger uf der Chrüzig het er doch z spät gmerkt, dass der Touringwage brämset het, u ds Seili isch lugg uf em Bode gläge.

Der Fasnachtsumzug! Vor ihne sy Trummler u Pfyffer mit grossmächtige Gringe düreglüffen u hei es zümftigs Konzärt ggä. Eine mit emne zwee Meter länge Majorsstab isch zvoruus glüffen u het der Takt aaggä.

Nach dene Musikante sy Transparäntträger cho; was uf dene wysse Spruchbänder isch gstange, het me vo do uus nid möge gseh.

Hingerdry het's en Eiradfahrer gha, wo gäng vo eire Stroossesyten uf di angeri het müesse fahre, dass er nid z langsam gsi isch.

U jetz het der TCS-Wage Gälbliecht ygschaltet.

Hinger emne Wage, wo si gross-mörderlechi Banknote druckt hei druffe, het se der Polizischt ynegwunke. Mit der Handbräms het der Herr Wysseier ds Seili gstreckt und isch ou i Fasnachtsumzug ybboge.

Vor ihne dä Wage mit der Banknotedruckerei – hinger ihne wider e Musig; so sy si zdürygfahre, der Touringwagen u Wysseiers. Linggs u rächts het's e Huuffe Lüt gha, u die hei gchlatschet wi verruckt. Em Züüg aa het das abgschleppten Outo no ganz guet zum Sujet passt. Der Herr Wysseier het sech gschämt wi ne Hung u gäng no müessen ufpasse, dass ds Seili nid lugg wärdi.

Plötzlech het d Frou Wysseier ds Fänschter uf ihrer Syten abeglo u dene Lüt zuegwunke. Der Applous isch uf das hi grad no einisch so lut worde.

«Säg einisch», het der Herr Wysseier ggiftelet, «spinnsch eigetlech?» «Nid dass i wüsst», het si gmüetlech umeggä u wyter dene Lüt gwunke, wo gchlatschet hei wi lätz. «Em Züüg aa mache mir üs no guet.»

«Tue ds Fänschter zue! Mir machen üs no lächerlech.»

«Ds beschte, wo men ar Fasnacht cha», het si gmeint u druuf no aafo Kusshändchen verschicke.

«Also, Madeleine!» het er bbyschtet.

Do het der TCS-Wage linggs blinket – är ou. U si sy linggs zum Fasnachtsumzug uus gfahre, der Hoger uuf.
«Ändtlech!» het der Herr Wysseier gsüüfzget.
«Hm! Mir hätt's jetz no gar nid schlächt gfalle», het sy Frou gseit u däm Fasnachtsumzug nachegluegt.
«Du bisch doch gäng di glychlegi unmüglechi Trucke!» het er gwätteret; aber jetz, wo me druus u dännen isch gsi, het er's nümm so ärnscht gmeint.
Gly druuf isch me du vor dere Garage gstange; dört hei si ömel das Pouly chönnen ersetze, u Wysseiers sy wytergfahre.
«Oder wei mer no a d Fasnacht?» het si ds Stichle nid chönne lo sy; är het druuf nume chlei gruuret. U nach öppe zwee Kilometer Schwyge het er gmeint: «Wohl. A d Fasnacht giengt i scho. Aber nid mit dir.»
«Warum jetz nid?»
Är het grinset: «Wil du dört gwüss no emne nätte Heer täätsch ds Pouly knacke.»

Fahrstung

«So, u jetz der Rückwärtsgang!» het der Ruedi Kummer kommandiert, u sy Frou het mit emne Süüfzger der Rückwärtsgang yngleit, hingere gluegt, langsam d Kupplig lo goh.
«Gas!» het der Ruedi befole. «Meh Gas!»
Ds Bethli het Gas ggä, ds Outo isch dervoggumpet – u wider blybe stoh.
«Gas! han i gseit», het der Ruedi kommentiert, u ds Bethli het d Arme lo hangen u gmeint: «I lehre's nie.»

Der Ruedi isch gar nid uf das Glamentier yträtten u het scho wider Kunzine ggä: «Aalasser! Guet. D Kupplig langsam lo goh! Schön. Gas! Wottsch ächt Gas gä!»
Dasmol isch ds Outo ordeli us däm Parkplatz use gfahre. Ds Bethli het uf di richtegi Syten abdrääit, d Reder wider ygschlage – der Ruedi het für einisch nüüt uszsetze gha.
«Prima!» het er sy Frou grüemt. «U jetz gredifüre! Schön. Linggs blinke! So. Zwöite Gang! Guet.»
Si sy ds Ströössli zdüruus gfahre. Ds Bethli het gäng guet gluegt, dass es ömel jo rächts blybi, u der Ruedi het ufpasst wi ne Weis-nid-was, dass es nüüt Lätzes machi.
«Guet. Do rächts aahalte!» het er ungereinisch kommandiert. «Blinker! Kupple!»
Ds Bethli het rächts am Stroosserand aaghalte, der Läärlouf yneto u sy Maa gfragt: «Was söll i do?»
«Jetz tüe mer i prekäre Verhältnis wände», het der Ruedi glychgültig gmacht. «Rückwärtsgang! Nächär hingertsi bi Nydeggers vor ds Garage abe fahre.»
«Jesses!» isch's em Bethli use. «I das Loch abe?»
«Prezys, i das Loch abe!» het der Ruedi bhertet.
Ds Bethli het d Achsle zuckt, der Rückwärtsgang gsuecht u nächär d Kupplig langsam lo goh, Gas ggä. U jetz het's ds Outo süferli, süferli i di gfürchegi Garageyfahrt vo Nydeggers lo troole. 's isch meh uf der Bräms gstange weder uf em Gas.
«Sehr guet!» het der Ruedi grüemt. «Das hesch suber gmacht. So. U jetz d Handbräms zieh! Guet. De der Erscht yne! Jetz Gas gä, d Kupplig langsam lo goh u d Handbräms löse, so gly als du chasch!» Ds Bethli het to, wi me's het gheisse: Es het Gas ggä u d Kupplig langsam lo goh, u wo's gspürt het, dass dä Wage de öppe wett goh, het's d Handbräms glöst.
E churze Gump – u ds Outo isch stillgstange.

«D Handbräms! D Handbräms löse!» het der Ruedi gmacht.
«Eh, i ha jo wölle!» het ds Bethli gmeint.
«Also: no einisch.» Der Ruedi isch hingereglähnet.
«Erschte Gang – Gas – uskupple – d Handbräms!»
Ds Bethli het zerscht müessen aalo. Es het der Schlüssel drääit. Es het gsuret, gchältschet – passiert isch nüüt.
«Söll i – » het ds Bethli aagfange; aber der Ruedi isch drygfahre: «Nume gnue Gas gä!»
Es het's no einisch probiert. Der Aalasser het gsuret. Der Motor het nid wölle cho.
Ds Bethli het's ufggä. Es het überegluegt u gfragt: «Wottsch vilicht du – ?»
«Nume ds Gas richtig düredrücke!» het der Ruedi befolen u gredi zum Fänschter uus gluegt.
Ds Bethli het's no einisch probiert. Es ganzes Wyli. Nächär het's der Schlüssel wider zrüggdrääit u gseit: «Mach mira, was du wottsch; aber i styge jetz uus.» U das het's gmacht.
Mit emne «He-nu!» isch der Ruedi überegrütscht. Är het der Sitz i di richtegi Position grütscht, u druuf het er der Schlüssel drääit. Ds sattsam bekannten Orgele! Är isch paarmol energisch uf ds Gaspedal tschalpet – nüüt!
No einisch! Gang use! Aalasser!
Erscht wo d Batterie ändgültig uf em Schnouz gsi isch, het's der Ruedi ufggä. Är het es Zedeli müesse schrybe für Nydeggers, wil die nid deheime sy gsi.
Zimli gschlage sy si druuf heizue zottlet, di zwöi. Es ganzes Wyli hei si keis Wort gredt zäme.
Ungereinisch meint ds Bethli: «Süsch wär ig ömel nid so schlächt gfahre, oder was meinsch?»
Do het er's wider wi alben obenyne gno und ihm es Müntschi uf d Stirne drückt u glachet: «Nenei, süsch wärsch nid schlächt gfahre.»

Es stinkt!

«Los, Hans!» het d Frou Bratschi zur Stalltüren y ihre Maa grüeft. «Jetz muesch du grad sofort cho luege. Das Outo tschäderet gäng wi meh. Derewäg fahren i nümme desume.»

Der Hans Bratschi isch grad am Mälche gsi u het sech nid gärn lo störe. Är het öppis vo «de luege» brummlet; aber si het nid luggglo.

«Nüüt, jetz grad chunsch!» het si befole. «I mues no i ds Dorf abe, u mit däm Tschäder fahren i kei Meter meh. Bisch so guet.»

Das syg ömel nüüt Gfährlechs, het der Bratschi Hans brümelet u wyter gmulche. Nume der Luftfilter, wo me chlei mües aazieh.

«Also, de zieh mer nen aa!» het si ghöischen und isch nid vo der Stalltüre wäg.

Mit emne Süüfzger isch der Bratschi Hans ufgstange. Ds Mälcherstüeli het er annebhalte, und im Verbygang het er no ne Schrubeziejer gno. Nächär het er d Motorhuben ufgmacht u di Schrube vom Luftfilter wider besser aazoge.

«So», het er druuf gmeint u d Motorhube zuegschlage. «Jetz chasch fahre. Es tschäderet nümm.»

«Merci!» het si gseit und isch no schnäll yne, für di paar Sache go z reiche, wo si het wölle mitnäh, nächär isch si furtgfahre, aben em Dorf zue. Är isch wider i Stall, für go fertigzmache.

Bim Znacht het du d Frou Bratschi losglo: «Also, mit däm Outo söll fahre wär wott – ig nümm!»

«Warum? Het's gäng no tschäderet?» het er wölle wüsse.

«Nei», het si gseit, «tschäderet het's nümm. Aber viil schlimmer: grouchnet het's u gstunke, sägen i dir; we d Garage no hätt offe gha, i hätt ne mytüüri dört lo stoh!»

Eh, är wöll de luege, het der Bratschi Hans gmeint, aber d Frou Bratschi isch ihm drygfahre: «Du und luege! Bis du einisch luegsch, isch das Outo scho lang verbrunne.»

Das wärdi öppe nid so schlimm sy, het der Bratschi Hans gseit; aber er nähm's de gwüss hinecht no i d Hüpple. U ganz unvermittlet het er gfragt: «Hesch du öppe mys Mälchertschäppi nöime gseh?»

Nei, si wüsst nid wiso, het si gseit u gmeint: «Das wird dänk im Stall sy, wo de süsch?»

«Äbe nid!» het er gmacht. «Dört han i scho gluegt.»

«Ömel i der Chuchi isch es nid», het si gseit. «U süsch bin i no niene gsi, sider dass ig us em Dorf zrügg bi.»

Chlei später, won er d Zytig gläse het, isch si nomol uf ds Outo zrüggcho: «Morn muesch mer de das Outo grad zum Zwahle bringe!»

Är wöll de zersch luege, het er brummlet u d Zytig umbletteret.

«Luege! Gäng wottsch du luege. Luege nützt nüüt – öppis mache sött me!»

Ganz verwunderet het der Bratschi Hans sy Frou aagluegt u gseit: «Du bisch jetz ömel ou aggressiv, Dorli.»

«Mira wohl!» het si gschumpfe. «Aber das Outo macht mi no ganz verruckt!»

Do druuf het er d Zytig zämegleit und isch voruse.

Kener füf Minute isch's ggange, do isch er scho wider i der Chuchi gsi. Es breits Grinsen isch uf sym Gsicht gläge.

«So, Dorli», het er gmeint, «jetz isch üs beidne ghulfe.» Und er het es Tüechli gno u syre Frou bim Abtröchne ghulfe.

«Warum isch üs beidne ghulfe?» het d Frou Bratschi verwunderet gfragt.

«Ds Outo rouchnet nümme, u ds Mälchertschäppi han ig ou gfunge.»

«He nu, de isch's jo guet. Wo hesch es gha?»
Jetz het der Hans Bratschi grediuse müesse lache, u won er wider het chönne rede, het er gseit: «Im Outo. Uf em Motor han i's lo lige, won i d Filterschrube ha feschtgmacht. U jetz rouchnet de garantiert nüüt meh.»

Getriibeschade

«Nei Merci, mir kei Wy meh!» het der Fränzu zum Balsiger Hans gseit, wo am Yschänken isch gsi. «I ha ds Outo do.»
Es Dotze jungi Lüt hei hinecht do im Waldhüsli der zwänzgischt Geburtstag vom Balsiger Hans gfyret. Es isch luschtig ggange. Fondue hei si ggässe, gliedet, Witze verzellt.
«Wei mer hurti es Sprützfährtli mache, mir zwöi?» het der Fränzu lysli zum Ruth übere gmacht.
«Du, jetz hei mer's doch grad so gmüetlech», het das abgwehrt. «U nächär göh mer jo scho gly.»
Es isch es härzigs Meitschi gsi, ds Ruth, mit syne schwarze Chruslen u de grosse, dunklen Ouge, wo gäng es Lache druus blitzt het.
«Aber ömel heitue darf i di, gäll!» het der Fränzu bbättlet.
«I ha ds Velo do», het ds Ruth gmeint.
«Das tüe mir i Gofereruum.» Der Fränzu het nid lugg glo.
«Säg doch jo!»
«Hm – mir wei de luege.»
Öpper het «ds Burebüebli» aagstimmt, u mi het wider gsunge. Druuf het der Bärger Ürsu es Chartekunschtstück vorgfüert, und eis um ds angere het's ihm probiert nachezmache. Dass zwüschyne vier Purschen use sy, isch niemerem bsungers ufgfalle, ömel em Fränzu scho gar nid.

Wo's du het gheisse, mi göng jetz no bi Balsigers go nes Gaffee ha, ufruume tüeg me de morn, het der Häni Fränzu gleitig zum Ruth übere gmacht: «U jetz – chunsch jetz mit mer?»
«Mira», het das gmeint. «We mer ds Velo i Gofereruum bringe.»
Si sy alli mitenang useggange. Vorusse het der Mond heiter gschune. Dobe bi der Schyterbygi het em Fränzu sys Outo silberig glänzt.
«Dört isch es», het der Fränzu gmacht u ds Ruth wöllen obenyne näh; aber das het sech drääit u gseit: «I gange go ds Velo reiche. Fahr afange bis do abe.» U furt isch's gsi.
Der Fränzu isch zum Outo ggange, ygstige, het aaglo. Nächär het er Liecht gmacht u der Rückwärtsgang yneto. Aber won er d Kupplig het lo goh, isch nüüt passiert. Ou won er meh Gas het ggä nid. Numen e Soukrach het der Motor gmacht. Der Wagen isch kei Santimeter gfahre.
Di angere sy nadina alli cho luege. Der Fränzu het mit emne rote Chopf der Füretsigang ygleit u's so probiert. Wider nüüt! Das Outo isch nid vo Fläck cho.
«Probier's no einisch mit em zwöite Gang!» het der Balsiger Housi vorgschlage. Der Häni Fränzu het's probiert. 's het nüüt abtreit.
«Chömet, mir stosse ne!» het's plötzlech gheisse, und em Fränzu hei si gseit, är söll der Läärlouf ynetue, si schiebi ne de hingertsi i ds Ströössli abe.
Si hei alli aapackt, ds Ruth ou, u der Fränzu het hingeregluegt für z reise. Aber das Outo isch nid vo Fläck cho, si hei chönne stossen u schnuufen u gugle, wi si hei wölle.
«D Kardanwällen isch aaghocket», het der Bärger Ürsu gchychet; aber der Balsiger Housi het gschnuufet: «Chabis! Ds Getriibe! Das isch e typische Getriibeschade.»
Si hei unger ds Outo gluegt – u nüüt gseh. Mi het d

Motorhuben ufgmacht u mit der Taschelampen yne zündtet – nüüt gfunge.

Ungereinisch isch me rätig worde, mi göng bi Balsigers go der Traktor reichen u tüeg der Häni Fränzu abschleppe. Druuf isch's kei Minute ggange, bis si alli uf ihrne Töffli u Velo dervogstobe sy. Ds Gröölen u Holeje het sech der Wald ab verlore.

Der Häni Fränzu isch eleini gsi. Är het e Zigaretten aazündtet, isch zwöi-, drümol um ds Outo ume glüffe; nächär isch er wider ygstige, het der Motor wider aaglo u's no einisch probiert: der Rückwärtsgang – d Kupplig süferli lo goh – Gas – nüüt. Das Outo het sech nid lo bewege.

Jetz isch der Häni Fränzu usgstige. Ds Outo het er im Rückwärtsgang lo louffe. U won er hingere luegt – was gseht er: D Reder hei z läärem drääit, ohni der Bode z berüere!

Gleitig isch der Fränzu wider ygstigen u het der Motor abgstellt. Ihm isch es Liecht ufggange, häller als der Mondschyn. U richtig: Won er hingeren isch go luege, het er sy Getriibeschade gseh.

Mit em Wageheber het er ds Outo glüpft, grad nume sövel, dass er der Schytstock, wo unger der Hingerachs glägen isch, het möge füreschrysse.

«Di Soucheibe!» het er halblut bbyschtet, u won er jetz im Rückwärtsgang süferli aagfahren isch, het er keini Problem meh gha.

En Ersatzwage

Es isch wi verhäxet gsi: Znacht het's e Stromunterbruch ggä gha, u drum isch der Radiowecker fasch e Stung z spät ggange. Der Ruedi Mäusli het müesse jufle, was er nume het möge, wen er no zur rächte Zyt uf Bärn het wölle cho. Gaffee het's keis meh ggä. U jetz isch das tuusigs Outo nid aagsprunge!
Usgrächnet hütt, won er sech hätt sölle go vorstelle!
Der Ruedi Mäusli het no einisch probiert, het der Schlüssel drääit. Nüüt. Kei Mux. Nid emol meh ds Lämpli het ufglüüchtet.
Är het es «Stärnebärg abenang!» zwüsche de Zähn verdrückt, der Schlüssel wider zrüggdrääit u nen usezoge. E Blick uf d Armbanduhr: Uf e Zug het's nümme glängt; dä isch furt gsi. Är het närvös d Grawatte zwäggrütscht u d Lippe zämedrückt.
Jetz het er d Mappe gno und isch usgstige. Mit schnälle Schritten isch er uf d Hustüre zuegmarschiert u wider yne. Nächär het er sym Garagist aaglütet. D Batterie syg uf em Hung, het er vermuetet; göb er en Ersatzwage chönnt ha. Är chämt nen i füf Minute cho reiche u bringi de grad d Outoschlüssle, dass me chönn luege.
So, u jetz ab! Fasch gar hätt er no sy Mappe deheime lo lige, und er isch d Strooss zdürab glüffe, dass me hätt chönne meine, är heig gstole.
Der Ersatzwagen isch parat gstange. Ömel öppis, wo klappi, het der Ruedi Mäusli dänkt. Jetz het's grad no möge länge, wen er nid zviil Amplen oder Barriere het gha.
Won er der Schlüssel abggä und erklärt het gha, wie u wenn u was, isch er ygstigen u dervogfahre.
Grad apartig Freud gmacht het ihm dä Ersatzwage nid. Är isch süsch gäng nume mit sym eigeten Outo gfahren u het

das do vo Hut u Haar nüüt kennt. Langsamer het's nen ou no dunkt, und er isch sech chlei ygängget vorcho. Vilicht hätt er der Sitz sölle verstelle. Jä nu, mira. Wen er nume zur Zyt häre chöm, het er sech gseit.

Bis ynen i d Stadt wär's no guet ggange, u der Ruedi Mäusli het scho wider dörfe hoffe, es längi glych no. Aber jetz het er müessen ufpasse wi ne Häftlimacher, dass er der richtig Wäg fingi, u derzue no gäng chlei studiere, wi me dä Wage do schalti. Einisch het er ömel prompt statt der zwöit der viert Gang verwütscht, u bimene Polizischt het er im dritte wöllen aafahre.

Do vorne het er de rächts müesse. Är het grad no der Blinker gsuecht, u scho het's ghornet hinger ihm, wil er eim fasch der Wäg hätt abgschnitte.

Do isch's gsi! Und er het Glück gha: E Parkplatz isch ou no grad frei gstange. Är het ds Outo lo ynetroole, het's abgstellt, uf d Uhr gluegt und ufgschnuufet: Füf vor! Also doch no rächtzytig!

Aber won er du het wöllen usstyge, het der Ruedi Mäusli feschtgstellt, dass der Türgriff nid dört isch gsi, won er hätt sölle sy, uf all Fäll amnen angeren Ort weder bi sym Outo. Är het aafo sueche u zue sech sälber gseit, nöime mües me doch di donners Tür chönnen ufmache! Är het alli Hebeli u Rigeli usprobiert, do drückt u hie zoge – d Türe het sech nid lo ufmache.

Jetz wär's de grad Zyt gsi. Heitere Fahne, är het ömel nid hie im Outo chönne blybe hocken und uf weis nid was warte! Churz entschlosse het er ds Fänschter abedrääit, und unger de verwunderete Blicke vo de Passanten isch er d Bei zvoruus us em Fänschter gchlätteret.

Nächär het er no hurti der Stoub ab der dunkelbruune Schale gchlopfet, sy Mappe gno – u wo's nüüni gschlage het, isch er sech bi der Reception go mälde.

Öppen e Halbstung später isch e strahlende Ruedi Mäusli wider use cho. Är het di Stell übercho. Jetz het er d Türen ufgmacht, d Mappe mit Schwung uf e Näbesitz gheit und isch ygstige. Aber gäb er d Türe wider het zuegschletzt, het er se no gmuschteret – und uf en erscht Blick das halbverdeckte Rigeli gseh.

Deheime, bim Garagist, het er du nümme zum Fänschter uus müesse. Wowohl, dä Ersatzwage syg ganz guet glüffe, het er grüemt, es syg ömel alles glatt ggange.

Der Goferschlüssel

So! Jetz syg's passiert, isch's em Ruedi Bränzikofer dür e Chopf gschosse. Är het chuum der Goferdechel zuegschletzt gha, do isch's ihm klar gsi: d Schlüssle! Der ganz Schlüsselbund isch dinne näb de Graniumchischtli gläge!

Heitere Fahne! U derby het ihm das der Garagist no derewäg ygscherft gha: «U we Dihr de d Schlüssle dinn heit – der Gofer zuemachet – de lueget de, wi Dihr heichömet!» 's isch em Ruedi gsi, wi wen er d Stimm vom Garagist ghörti.

Heiss isch's ihm worde, u z glycher Zyt isch ihm e chalte Tschuder der Rüggen ab glüffe. Was jetze?

Är het no einisch i allne Täsche gnuuschet: i de Hoseseck – nei, nüüt. I der Jagge – ou nid.

Ganz verzwyflet het der Ruedi Bränzikofer synere Fründin zueglugt, wo mit no eim Graniumchischtli über d Strooss zum Parkplatz isch cho.

«Was, no eis?»

«Jo», het ds Fränzi gchychet, «ds letschte. Tuesch mer der Gofer uuf?»

«Gärn – wen i chönnt!» het der Ruedi gmacht.
«Was heisst: wen i chönnt?» het ds Fränzi wölle wüsse.
Jetz het der Ruedi synere Fründin müessen erkläre, dass er der Schlüssel i Gofer gleit u druuf der Dechel zuegmacht heig. U wil me dä nume mit em Schlüssel chönni ufmache, syg er jetz halt für alli Ewigkeite bschlosse. Baschta.
Ds Fränzi het sys Graniumchischtli hinger em Outo abgstellt u der Ruedi lysli gfragt: «Hesch i allne Seck gluegt?»
«Jo», het der Ruedi brummlet, aber glych no einisch alles erläse. Sogar i der Buesetäsche het er gsuecht. Schlüssel het er keine gfunge. Nume no nes Kinobiliee vom letschte Samschtig.
«Het's nid no ne Resärveschlüssel im Fächli?» het ds Fränzi ghoffet.
«Mm», het er gmacht u der Chopf gschüttlet; aber er isch no go nacheluege u het ds Fächli glääert und erläse. Schlüssel het's e keine gha.
«Was jetze?» het ds Fränzi gfragt, u wo der Ruedi nume d Achsle zuckt het, isch's ihm zimli hässig use: «So mach doch öppis! Mir chöi ömel nid bis nächschte Rüebliherbscht do blybe stoh.»
Ganz verdatteret isch der Ruedi no einisch i ds Outo ynen u het uf de Vordersitze, uf de Hingersitze, unger de Sitze, zwüsche de Sitze gsuecht. Won er no unger ds Outo gluegt het, isch ihm ds Fränzi mit der Hang über d Haar gfahre.
«Wei mer emne Garagist aalüte?» het's süferli vorgschlage.
«Em füf ab zwölfi!?»
«Oder der Touring-Hilf! Die chönnte doch... Wart! I chume grad wider!» U scho isch ds Fränzi dervogstobe. Mi het nume no ds Chlappere vo syne Zoccoli ghört.
Der Ruedi Bränzikofer het sech uf e Fahrersitz lo gheie, e Zigaretten aazündtet u gchüschelet: «Seich!» u no einisch: «Seich!»

Nächär isch er wider usgstigen u het gluegt, göb er mögi gseh, wo ds Fränzi derewäg sturm häre gsuuret syg. Aber er het's niene meh mögen usmache, gäb win er gsperberet het. Hingägen es Polizeiouto het er gseh, wo hingertsi uf e Parkplatz gfahren isch.

D Parkuhr syg ömel no nid abglüffe, het der Ruedi Bränzikofer mit emne gleitige Blick feschtgstellt; u der Füereruswys syg im Fächli. Das het er vori bim Usruume gseh gha. Aber läär gschlückt het er glych, wo dä Streiffewage grad hinger sym Outo still het gha.

Zwee Polizischte sy usgstigen und uf ihn zue cho.

«Grüess Gott!» het der eint gseit. «Dihr heiget schynt's Erger mit Euem Gofer.»

Aha, ds Fränzi! isch's em Ruedi ufggange, und er het dene beide Polizischte d Sachlag erklärt.

Do isch ds Fränzi ou wider cho z springe, isch näbem Outo blybe stoh, het gschnuufet und erwartigsvoll vo eim Polizischt zum angere gluegt.

«Jo, do git's nüüt weder ufspränge», het ändtlech eine vo dene beide gmeint und isch hinger ds Outo ggange, für ds Schloss go z gschoue. Bimne Haar wär er no über ds Graniumchischtli gstolperet.

Är het sech abebückt, u won er wider ufgstangen isch, het er e Schlüsselbund ufgha.

«U was isch das do?» het er grüeft.

«Donner u Doria!» het der Ruedi Bränzikofer füregworgget. «Wo isch dä gsi?»

«Gsteckt», het der Polizischt gseit und em Ruedi di Schlüssle fyrlech übergä.

«So öppis!» Der Ruedi het di Schlüsslen aagluegt, wi wen er se zum erschte Mol gsuuch. U druuf het er lysli vor sech ane brummlet: «Bin ig e Löl!»

«Das cha passiere», het der eint Polizischt gmeint, u beid

zäme hei no «gueti Fahrt!» gwünscht, gäb si i Streiffewagen ygstigen u furtgfahre sy.

Druuf het der Ruedi der Gofer ufgmacht, ds Graniumchischtli yne zu den angere gstellt, no einisch kontrolliert, gäb er der Schlüssel heig, u der Dechel zuegmacht. Nächär sy si ygstige.

E chlyneri Reparatur

Ds Erika isch fei chlei stolz gsi, wo's mit em Wage vom Vatter dür d Stadt gutschiert isch. Es het der Füeruswys no nid lang gha u wohl gwüsst, dass es no kei grossi Outofahrere syg. Es isch ou sehr vorsichtig, fasch überängschtlech gfahre. Lieber z langsam weder öppe z schnäll! E Büle het's nid begährt heizbringe.

Dass ihm der Vatter ds Outo so ohni wyteres ggä het, das isch für ds Erika en Überraschig gsi u het's bsungerbar gfreut. Das gäb dänk de ne Fragerei u huuffe Wenn und Aber. Nüüt! «Nimm's nume. U chumm ganz wider hei!» Das isch alles gsi.

Die wärdi de no Ouge mache, het ds Erika dänkt, wen es mit em Outo bim Tennisplatz vorfahri! «Aha! So, so! Potz Blitz!» Es het se scho ghört. U der Mändu...

Do hei si vor ihm brämset. Ds Erika het der zwöit Gang yneto, der erscht, isch ou blybe stoh. «Der Abstand chlei gross!» het's der Fahrlehrer nachegmacht u der Motor abgstellt.

Es het desumegöigeret, göb's niemer Bekannts gsei. Es hätt gärn wölle winken u chlei plagiere. Aber es het niemer wölle verbycho, won es kennt hätti, u vorne sy si vo rächts

scho gfahre, de isch's albe nümm lang ggange, bis me do ou Grüen gha het.
Ds Erika het der Schlüssel drääit. Lengeri Zyt isch nüüt passiert. No einisch! Das het's kennt: Em Vatter sys Outo het di Soumode gha. Gäng no nüüt! U jetz isch scho Grüen gsi!
«Chumm ändtlech, du Souaff!» het ds Erika gchältschet und uf ds Gaspedal gstüpft. Do isch er cho – u ds Gaspedal isch furt gsi!
«E du verruckt!» isch's em Erika use. Mit em rächte Fuess het's gspürt, dass do no so öppis wi nes Stängeli syg, und es het probiert, do druffe Gas z gä. 's isch ömel ggange, und es isch furtcho.
Aber bi der nächschte Garage rächts het's zuechegha. Es het der Motor abgstellt und isch zu däm junge Maa ggange, wo paar Sache wäggruumt het.
«Dihr, mit mym Gaspedal stimmt öppis nid», het ds Erika erklärt. «Es isch...»
«Entschuldigung, Fröilein», het's dä jung Maa ungerbroche. «Mir hei scho zue. Es isch niemer meh do.»
«Aber es wär gwüss numen e ganz chlyni Reparatur!» het ds Erika bbättlet u grossi, glitzerigi Ouge gmacht.
Do het me ds Telefon ghört tschäderen us der Wärchstatt. Dä Pursch het gseit: «I chume grad!» und isch dervogschuenet.
Ds Erika het gwartet u dasmol nid ghoffet, Bekannti z träffe.
Ändtlech isch dä jung Maa wider cho, het d Häng amne Hudel abputzt u chlei mutz gfragt: «Also, was isch es?»
«Eh, ds Gaspedal...» het ds Erika aagfangen u nächär gmeint: «Aber chömet doch grad sälber cho luege. 's isch sicher numen e chlyneri Reparatur.»
Chlei zögernd isch dä jung Maa hinger em Erika nache zum

Outo glüffe. Es het d Türen ufgmacht, so wyt als me het chönne, u het ynezeigt: «Gseht Dihr dört? Ds Gaspedal isch ab.»
Dä Pursch isch abegruppet, het ynegschouet, der Oberkörper i ds Outo gstreckt, nächär isch er wider usecho, u ds Erika het's dunkt, är mües schier ds Lachen ebha.
«Chöit Dihr dä Wage für öppe zwee Tag do lo?» het er ganz ärnschthaft gfragt, u ds Erika het entsetzt grüeft: «Nei! Unmüglech! Isch's so schlimm?»
Jetz het dä Pursch losguglet, dass's ne schier gchugelet hätt. Ds Erika isch tschärpis dernäbe gstangen u het nüüt meh gseit. Äs het nüüt Luschtigs gfunge.
«Lueget, Fröilein, i will Euch jetz zeige, wi me dä Schade repariert», het der Pursch gseit, won er sech vo sym Lachaafall erholt het gha. «Chömet!»
Ds Erika het zuegluegt, win er no einisch halb i ds Outo yne graagget isch, u won er no einisch het zruggluegt gha, göb es ou würklech zueluegi, het er mit ere Handbewegig das hingereglitzte Pedal wider dört häre gschwänkt, wo's häre ghört het.
«Soseliso!» het er gmacht, won er wider usecho isch. «Das hätte mer. 's isch würklech numen e chlyneri Reparatur gsi.» Und er het wider aafo gugle.
«Was macht das?» het ds Erika gfragt.
«Das macht nüüt, Fröilein.»
Ds Erika het ds Täschli ufgmacht und e Füfliber gfunge. Dä het's däm Pursch ggä. Als Trinkgäld. U wo's furtgfahren isch, het's sech gseit, do häre chöm es de nie meh. Weder cho tanke no süsch öppis. Lo uslache löi äs sech nümm.

Ungerwägs uf Züri

E heitere Früeligstag het gstrahlet. Sunne, blaue Himel. E Sunndigmorge, win er im Gsangbuech steit. Aber im Outo vo Bönzlis het's Gwitterwulche gha.
«Di blöde Familiefêtene hange mer de langsam zum Hals uus!» het der Herr Bönzli vor sech ane gruuret u gäng gredifüren uf d Outobahn gstieret.
«Eh, sövel schlimm isch das jetz ömel ou nid!» het sy Frou näbezueche gmeint. «I der Letschti hei mer gwüss nüüt Apartigs gha, u we der Unggle Mani achtzgi wird, darf me sech wohl öppe zeige.»
«Hm». Ihm het's eifach nid passt, uf das Züri use z fahre. «Ömel a mym achtzigschte Geburtstag bruucht de niemer zue mer z cho.»
«Uh, Leo, das geit no lang!» het si glachet. «Bis denn chasch du dir das no paarmol dür e Chopf lo goh.»
Si sy gäng öppe so mit hundertzwänzg gfahre. Das isch e gäbegi Reisegschwindigkeit gsi, nid z schnäll u nid z langsam. Verchehr het's nid viil gha. Mi isch guet fürschi cho. Ungereinisch het der Herr Bönzli aafo lose; öppis het gchlopfet, gschlage, so: päng – päng – päng! I regelmässigen Abstäng. Was zum Tuusigdonnerwätter...
«Leo! Ghörsch du ou öppis?» het d Frou Bönzli gfragt.
«Öppis topplet: päng – päng – päng! Ghörsch du nüüt?»
«Wowohl.» Är isch langsamer gfahre – ds Chlopfen isch ou langsamer worde. «Es mues öppis Mechanisches sy. A de Lager vilicht. Oder d Ufhänki. Item, i weis nid was.»
«Sötte mer nid...» het si aagfange; aber do het si gmerkt, dass er scho rächts blinket. Der Herr Bönzli isch uf e Pannestreiffe gfahren u het ds Outo langsam lo ustroole, bis si vor emne Telefon hei stillgha.
«Was wottsch jetz?»

«Em TCS aalüte», het er mit Grabesstimm erklärt.

Won er alles het düreggä gha – d Position, ds Outonummero, d Art vom Schade (är vermueti öppis a der Ufhänki oder a de Lager, het er gseit) – isch der Herr Bönzli no go ds Pannedrüegg ufstelle, nächär isch er wider i ds Outo gsässe, u zäme hei si gwartet, dass Hilf chöm.

Dä flott jung Maa, wo usgstigen isch, het sech lo erkläre, was los gsi syg, het gnickt und isch go d Reder nacheluege; aber scho gly einisch het er erklärt, är fingi nüüt.

«Das bruucht e Probefahrt», het er gseit, u d Frou Bönzli isch uf e Hingersitz ghocket, für ihm Platz z mache.

Öppe zwöihundert Meter het der Herr Bönzli müessen uf em Pannestreiffe fahre, nächär isch der TCS-Hälfer go nes Gittertöri uftue, u mi isch use, ab der Outobahn.

Si sy dür verschideni Stroosse gfahre; mol het's gheisse: «Hie rächts!» de wieder: «Vorne graduus!» Oder: «Jetz linggs!»

«I ghöre nüüt», het nach emne Zytli der TCS-Hälfer gmeint.

«Ig ou nid», het der Herr Bönzli gseit, und e Verdacht isch ihm langsam ufegraagget.

«Jetz wider rächts!» het der TCS-Hälfer kommandiert, und der Herr Bönzli isch rächts gäge d Outobahn abboge.

«Chönnt's sy», het er chyschterig aagfange, «dass es – e jo, es het doch so Rillen uf der Outobahn. Wär's ächt müglecherwys das, wo so gchlopfet het?»

«Hm!» Der TCS-Maa het hingere gluegt, wil si grad uf d Outobahn gfahre sy. «Müglech wär's scho. Heit Dihr nid druf gachtet?»

«Nei.» Der Herr Bönzli het blinket und isch usegfahre. «Das isch mer erscht grad vori i Sinn cho.»

Der TCS-Hälfer het gmüetlech gmacht: «He nu – das hei mer de gly!» U scho het's aafo chlopfe.

«Jetz!» het d Frou Bönzli vo hingerfüre grüeft. «Jetz tuet's wider!»
«Äbe.» Der TCS-Maa het gnickt. «Do dermit hätte mer's. U do vorne rächts wär de mys Outo.»
Wo der Herr Bönzli het zahlt gha u d Formalitäten erlediget sy gsi, het me chönne wyterfahre.
«Gäll, Leo, so öppis isch scho ergerlech», het d Frou Bönzli gseit und ihrem Maa d Hang uf en Arm gleit; aber dä het's mit Schyn nid emol tragisch gno – grinset het er sogar! U wo gly druuf e Raschtstätten isch cho, het er usegha u gmeint, jetz wöll er mit emne Gaffee uf en Unggle Mani go aastosse.

Wäg ere Parkbuess

Scho vo wytem het der Herr Frey dä Buessezedel ungerem Schybewüscher vo sym Outo gseh gha, u jetz het er ne toube gstudiert. Das syg jo scho der Gipfel, het er gfunge; do mües me cho d Stüürerkläärig abgä, de heige si zweeni Parkplätz, u wil men i Gotts Name ds Outo nid chönn a d Stroosselampen ufe hänke, löi me's uf der Stroos lo stoh. Ds Resultat: e Parkbuess!
«Nenei, myner Herre!» het er vor sech ane brummlet. «Die Buess zahlt der Frey nid. Nobis!»
Är het dä Zedel u der Yzaligsschyn gfaltet und i d Buesetäsche gschoppet, nächär isch er ygstigen u losfahre. Aber nid öppe heizue, bhüetis! Grediwägs uf e Polizeiposchten isch er.
D Stägen uuf het er gäng zwee Tritten uf einisch gno, dobe het er mutz gchlopfet und isch yne.

Nach ere churze Begrüessig het der Herr Frey di Zedlen us der Buesetäsche gno u sen uf e Schaltertisch gschmisse, vor e Polizischt häre, mit de Wort: «E Schweinerei! E truuregi Gäldmacherei isch das!»

«Dihr syt...» het der Polizischt aagfange, aber der Herr Frey isch ihm drygfahre: «Jawohl, i bi stärnsstierverruckt. U das mit Rächt. Lueget, do bringt men als aaständige Bürger zur rächte Zyt sy Stüürerkläärig uf ds Stüürbüro, u wil's gottseidank no meh deren aaständige Bürger git, wo der Termin yhalte, het's ou meh Outo weder Parkplätz. Also, was macht me? Wider heigoh u der Termin verpasse? Nei! Me stygt uus u loot das Outo für di zwo, drei Minuten uf der Strooss lo stoh. U Dihr, Dihr...» Är het nach emne passende Wort gsuecht. «... u Dihr Halsabschnyder pässlet hinger emne Boum, bis mer verschwunde sy, u sider, dass mir üsi Pflicht als Bürger erfülle, präsentieret Dihr üs en absolut unkorräkti Parkbuess. Voilà!»

So. Das isch gsässe. Es rhetorischs Kunschtwärch, het's der Herr Frey dunkt, und es isch ihm gsi, der Polizischt heig fasch chlei füechti Ougen übercho.

«Lueget, Dihr syt...» het dä wider ruehig aagfange. «Nüüt weder en ufrächte, sänkrächte Bürger, wo vom Polizeistaat tschalpet worden isch...» «Jo, das bin i!» het ne der Herr Frey ungerbroche. Aber der Polizischt het sech nid lo beirren u der Satz fertig gmacht: «... a der faltschen Adrässe.»

«A der faltschen Adrässe?» Ganz verdatteret het ne der Herr Frey aagluegt. «Jä – wiso?»

«Di Parkbuess chunnt vo der Gmeinspolizei; Dihr syt hie aber uf em Poschte vo der Kantonspolizei», het ihm der Polizischt i aller Rueh usenandergsetzt, u nächär het er ihm no erklärt, win er zur Gmeinspolizei chöm.

Der Herr Frey het syner Papyr wider ygsteckt, danket und

isch ggange. Chlei gwurmet het's ne scho, dass er syner Pfyle derewäg i ds Läären abgschosse het.
Är isch furtgfahren u het ömel nach der Beschrybig vo däm Kantonspolizischt der Gmeinspolizeiposchte no gly einisch gfunge. Är isch ynen u de Wägwyser nache.
E hübschi Politesse het der Poschte ghüetet. Aber Hübschi hin oder här, jetz mües di Buess us em Wäg gruumt sy, het der Herr Frey dänkt.
«Was darf's sy?» het das Fröilein fründlech gfragt, und er het syner Zedlen uf e Tisch gleit u mutz gmacht: «Das do!»
«Gärn. Das miech de zwänzg Franke, bitte.»
«U die zahlen i nid!» het der Herr Frey ufbegährt. «Als ufrächte, sänkrächte Staatsbürger – i meine: Wen eine scho sy Stüürerkläärig termingerächt ablieferet, sött men ihm gnüegend Parkplätz – e jo, ömel eine sött scho für ihn do sy. U we's no angeri het – i wott dermit säge: no angeri Stüürzaler...»
Der Herr Frey het gschwige, der Naselumpe füregno, d Nase gschnützt, nächär het er gseit: «Fröilein, es geit nümm. Der Dampf isch duss.»
«Loset, was Dihr weit, weis i nid,» het di Hostess ganz ruehig gmacht. «Aber was i wott, das weis i: zwänzg Franke.»
Mit emne Süüfzger het der Herr Frey ds Portemonnaie zogen u ne Zwänzgernoten usegchnüblet. Ds Fröilein het ihm e Quittig gschriben u derzue gmeint: «Wär wett jetz scho dumm tue wäg ere Parkbuess!»

We me pressiert isch

So, jetz aber Gas! het sech der Herr Grassi gseit, won er wider uf d Outobahn use gfahren isch. Di füf Minute hei müessen ygholt wärde!
Är isch i ne Radarkontrolle grate, u d Polizei het ne näbenuse gno. Klar, är isch z schnäll gfahre; es het aber ou pressiert. Vierzg Stutz het er müessen ablade! U Zyt verlore!
«So, gib ihm!» het er lysli gwätteret. Eine het ihm d Überholspur gsperrt, und er het ne probiert mit der Liechthupe furtzbloose. «Du söttsch scho gar nid überhole mit dym Gygampfiross!» het er gschumpfe.
Won er wider het chönne, het der Herr Grassi drückt: hundertzwänzg – hundertdryssg – hundertvierzg – hundertfüfzg...
Är het mit emne Chund abgmacht gha u sech chlei verrächnet i der Zyt. Är hätt zmingscht e Halbstung ender furtmüesse, wen er het wöllen em halbi vieri z Bärn sy.
«Chnuppesaager! Gwagglichopf!» het er eine tituliert, wo so knapp vor ihm usegfahren isch, dass er voll uf d Bräms het müesse. «En Aargouer, natürlech. Het der Füererschyn i nere Chinderüberraschig gfunge.»
Aber wo du no zwee Laschtwägen enanger hei müessen überhole, isch ihm fasch der Chrage platzt. I dritt Gang abe het er müesse schalte! U: «Dihr Stroossevaganti! Dihr truurige, eländen Outobahnmörder! Verfluechti, verdammti Soubande, Dihr!» het er bbäägget, we ne scho niemer het chönne ghören i däm Lärmen inne.
Nächär het er ihm wider ggä: hundertzwänzg – hundertdryssg – hundertvierzg – hundertfüfzg...
Es ganzes Zytli isch's guet ggange, aber uf einisch: e Hundertertafele, gly druuf en Achtzger, «Polizei». «Nei,

jetz no nen Unfall!» het der Herr Grassi gstöhnet u sech tröschtet, das gäb de ömel en Usred em Chund gägenüber, wen er z spät chöm.
Do het e Polizischt unverkennbari Handzeiche ggä und ihn usegwunke; em Herr Grassi isch klar worde, was es gschlage heig. Är isch uf e Pannestreiffe gfahre, het abbrämset u ds Outo lo ustroole bis zum Polizischt, het ds Fänschter abedrääit u glost, wi der Polizischt het gseit: «Grüess Gott. Chönnt i Eue Füereruswys gseh, bitte!»
Der Herr Grassi het ihm ds Büechli ggä u brümelet: «Dihr machet Radarkontrolle, und i bi z schnäll gfahre.»
«Richtig», het der Polizischt grinset und ihm der Uswys umeggä. «Weit Dihr's grad zale?»
Sider dass vierzg Franke der Besitzer hei gwächslet, sy di zwee Laschtwäge vo vori düregrumplet, u der Herr Grassi het uf d Zähn bbisse, für dass ihm nüüt Wüeschts userütschi.
Won er wider het dörfe wyterfahre, het sech der Herr Grassi gseit, jetz längi's ihm. Aller guten Dinge syge bekanntlech drü – u halbi vieri isch's ou scho gly gsi. Göb er e Viertelstung oder e Halbstung z spät chöm, das syg Hans was Heiri, der Chund wärdi so oder so stoubig sy.
Är isch schön i der Kolonne blibe, uf der rächte Fahrspur, öppe mit hundertzwänzg gfahre, het sech lo überholen und überhole, het läär gschlückt u vor sech ane gjammeret: «Jede cha fahre, so schnäll, win er wott – gäng preicht's mii!»
Aber wo du der Tacho unger hundert gheit isch, het's ne glych nümme glitte. Är het linggs blinket, het usegha und isch dervo: hundertzwänzg – hundertdryssg – fertig. Also, über hundertdryssg isch der Herr Grassi nümme gfahre.
Wo nen es Polizeiouto überholt het, isch der Herr Grassi nieneby erchlüpft, u no wo si ne mit em Chelleli usegwunke

hei, het er ds allerbeschte Gwüsse gha. Und erscht wo der Polizischt fründlech grüesst u nach em Uswys gfragt het, isch's ihm chlei gschmuech worde.

«Wi schnäll syt Dihr gfahre?» het dä Polizischt wölle wüsse, und är het chlei hässig umeggä: «Ömel nie über hundertdryssg!»

«Hie isch e Hunderterbeschränkig», het der Polizischt erklärt und ihm der Uswys umeggä. «Weit Dihr grad zale?»

Hundertzwänzg Franken äxtra heig ne jetz di Fahrt koschtet, het sech der Herr Grassi im Wyterfahren überleit. Der Chund we müglech nümme do oder vertöibt, ds Gschäft im Eimer. Truurig, zum Hüüle truurig!

Bi der nächschte Raschtstätte het er zueche gha. 's isch genau halbi vieri gsi. Är isch go telefoniere, het nach sym Chund gfragt. Dä syg leider nid do, het er Bscheid übercho, är syg chrank.

Won er ufgleit het, isch em Herr Grassi sy Blick uf e Kaländer gfalle, und ungereinisch het er aafo lache, är het richtig grediuse guglet. Frytig, isch dört gstange, Frytig, der dryzäht.

E Buess

So, das syg jetz ringer ggange, weder als er dänkt heig, het sech der Hans Friedrich gseit, won er d Stadt zdüruus gfahren isch, und er het so nes rächt zfridnigs Gfüel gha.

Är het müessen e Kurs vorbereite, u jetz isch er uf der Suechi nach Referänte gsi. Dä Schriftsteller vori het ihm grad zuegseit u ne gueti Idee gha. Jetz het sech scho mängs angers vo sälber ergä.

U jetz no der Profässer Tanner! Hoffentlech göng bi däm ou alles so gschmiert wi vori, het sech der Hans Friedrich gwünscht u vor sech ane brümelet: «So, gang!» wil dä Wage vor ihm grad nume so zwüsche sächzg u füfesächzg zuckerlet isch, we me doch do uf der Outostrooss mit achtzg hätt dörfe fahre.
Är het zwar no alli Zyt gha. Si hei uf di zähni abgmacht gha, u jetz isch's no nid emol halbi gsi. Aber glych het ne dä Drötschgeler do vornen ufgregt. Wen achtzg isch, fahrt me doch nid füfesächzg!
Der Hans Friedrich het Gas ggä, isch usen u füre. U chuum isch er wider ybboge gsi, gseht er se: d Polizei!
«Jetz het's mi!» het er lut zue sech sälber gseit. U tatsächlech: E Polizischt het gwunken und ihm ds Zeiche gmacht, är söll näbenuse fahre.
Der Hans Friedrich isch häregfahre, het ds Outo no chlei lo füre troole, wi's der Polizischt het wölle, nächär het er der Motor abgstellt u ds Fänschter abedrääit.
«Grüess Gott! Mir mache Radarkontrolle», het dä Polizischt fründlech gseit. «Chönnt i Eue Füereruswys gseh, bitte!»
Füereruswys! Di angeri Chutte – uf em Chuchischaft – oder am Ändi... Hundert Gedanke sy uf einisch em Hans Friedrich dür e Chopf gschosse. Füereruswys! Wohl, dä sött do sy. Ds Fächli isch natürlech wider einisch bschlosse gsi! U jetz het der Schlüssel ou no nid wölle passe. Oder wär's der anger gsi? Blöd, wi eim d Polizei närvös macht.
«Sälü Housi!» rüeft ungereinisch eine zum Fänschter y, u der Hans Friedrich, wo grad i däm Momänt der Füereruswys het gfunge gha, het ganz verschmeijet i ds Gsicht vomnen angere Polizischt gluegt: der Peter Weyeneth, sy Turnkamerad.
«He, sälü Peter!» het er ganz verwungeret gmacht u der

Füererschyn am erschte Polizischt ggä u nächär em Peter d Hang.
«Du, das isch mir de scho nid rächt, dass ig usgrächnet dii ha müesse verwütsche!» het dä gmeint. «Das isch mer jetz cheibe leid, heitere Fahnen abenang!»
«Jä, isch's de sövel schlimm?» het der Hans Friedrich wölle wüsse, u der Kolleg het gseit: «Eh, nünzg hesch gha, nünzg. Wo doch en Achtzger isch!»
Em Hans Friedrich isch's jetz wider viil besser ggange weder no vori. Dass sy Kolleg, der Peter Weyeneth, isch do gsi, het ne verflüemeret tröschtet – u fasch chlei glächeret.
«Ätsch! nimm's nid tragisch», het er jetz der Polizischt gluegt z tröschte. «Gschäch nüüt Schlimmers! Mii hätt's scho mängisch chönne schnätzle, u de no zümftiger weder jetz.»
«I cha di gwüss nid lo louffe», het der Peter gseit u zringsetum gluegt, göb's niemer ghört heig. «So gärn win i wett.»
Der anger Polizischt het em Hans der Füererschyn wider umeggä u «Merci» gseit. «Weit Dihr's grad zale?» het er ne no gfragt.
«Jo, jo», het der Hans Friedrich heiter gmeint, «de isch's erlediget. Wiviil macht's?»
«Zwänzg Franke», het der Polizischt gseit u nes Quittigszedeli usgfüllt. Der Hans het ds Hingere glüpft, dass er zum Portemonnaie cho isch.
Won er zahlt het gha, hei sech der Peter u der Hans no d Hang ggä dür ds Outofänschter und enanger e schöne Tag gwünscht.
«U nüüt für unguet!» het der Peter gmeint. Der Hans isch scho aagfahren u het gwunken u grinset.
Är het no lang gschmunzlet u sech verflüemeret uf e nächscht Frytig gfreut; denn heige si de wider Turne... Är

het de dä Zwüschefall vo vori wöllen uftische; u dass di zwänzg Franken im «Stärne» wider ynechömi, het er sech ganz guet chönne vorstelle!

Basler Zolli

«Do vorne muesch linggs!» het d Schwigermueter grüeft, u: «Nei, graduus! Gsehsch jo der Wägwyser!» het d Frou Weyeneth gseit. Der Fredy Weyeneth het gschwige; är isch einewäg scho lang rächts yspuret gsi u het nümme chönne wächsle. Hinger ihm sy ganzi Zylete Wäge nache cho.
So ne Reis uf Basel mit Frou u Schwigermueter syg fasch scho chlei ds Fägfüür, isch's ihm dür e Chopf gschosse. Gseit hingäge het er nume mutz: «Rächts.»
Es richtigs Gschnatter isch losggange, won er tatsächlech rächts abbogen isch. «Graduus hättsch müesse!» het's vo rächts tönt, u vo hinger: «Linggs! Linggs hättsch sölle!»
Der Fredy Weyeneth het zwar haargenau gwüsst, dass er lätz gfahren isch, aber er het sech nüüt wölle lo aamerke. Verbissen isch er wytergfahren u het gäng glüüsslet, göb er de gly einisch linggs chönnti abha. Aber gäng sy's Einbahnstroosse gsi, oder de het's es Fahrverbott gha.
Do! Ändtlech! Wi wen er der Wäg kennti, het der Fredy linggs umegha und isch wyter zdüruuf gfahre. So gly als es göng wöll er de no einisch linggs ha, de müesst er doch wider uf der früechere Stross sy, het er sech gseit.
Ungerdessen isch men amne Pelzwaregschäft düre gfahre, und di beide Dame hei sech über Pelzen ungerhalte. Är het nid zueglost u wyter e Glägeheit abgwartet, für no einisch linggs chönne z ha.

Ungereinisch het er gseh, dass er uf ene Chrüzig mit Wägwyser chunnt, und er het sech druuf konzentriert z läse, was do stöi. Sicherheitshalber isch er uf der Mittellinie gfahre, so dass er gäng no linggs oder rächts hätt chönne.
Linggs isch nid schlächt, het er gfunge, won er d Wägwyser het möge läse, und er het ds Outo ganz übere lo gleiten u linggs blinket.
Wyter vorne het's scho wider Wägwyser gha. Di beide Froue sy gäng no a de Pelze gsi. Der Fredy het ufpasst wi ne Häftlimacher u scho vo wytem gluegt uszmache, wo's wytergangi.
Und er het richtig vermuetet gha: Der Wägwyser «Zoo» het gäge rächts zeigt. Vo jetz aa wöll er sech nümm lo drusbringe, het er sech gseit, u wo d Schwigermueter «Rächts!» het gschroue, het er scho lang blinket gha und isch i der richtige Spur gstange.
Es Zytli isch's jetz gäng grediuus ggange, aber a der nöchschte grössere Chrüzig het's wider e ganze Wald vo Wägwyser gha, u der Fredy Weyeneth het probiert uszmache, i welere Spur dass er öppe sött sy. Vo rächts het er ömel afen einisch so gäge d Mitti zuegha. U nach lengerem Studiere het er du tatsächlech sy «Zoo» wider gfunge: halt doch ganz linggs! I Rückspiegel luege, Blinker, übereha...
«Rot!» bäägget d Frou Weyeneth zmitts i ds Pelzdisputiere yne.
Es het ggyxet, der Fredy het e Stopp gschrissen à la mordio. Ganz unbewusst het er ds Rotliecht ou no mitübercho, aber Wägwyserläsen u Rückspiegelgschoue hei ne derewäg beansprucht, dass ihm das Signal ganz düren isch.
Scho sy si vo rächts u linggs derhär cho. Der Fredy Weyeneth het der Rückwärtsgang ynegleit und isch rassig wider zrügg – u do het's tätscht.

Är het umegluegt u ganz entgeischteret e Polizei-Volvo aagstuunet.
«Jesses!» het d Schwigermueter gchychet, u d Frou Weyeneth het nume no chönne byschte: «Das het üs grad no gfählt!»
Der Fredy, ganz Maa, het keis Wort gseit, isch usgstige, hingere ggange. Di zwee Polizischte sy ou usgstige. Mi het enanger fründlech grüesst.
Das syg gloub ganz klar, het der Fredy Weyeneth feschtgstellt, är übernähm natürlech dä Schade, und er het sech sogar der Witz gleischtet: «Do bruuche mir dänk kei Polizei!»
Di zwee Polizischte sy sehr nätt gsi. Der eint het grad sofort es churzes Unfallprotokoll ufgschribe, der Fredy het's dürégläse u's ungerschribe. Grosse Schade het's einewäg nid ggä gha: es Schynwärferglas verheit u ds Chüelergitter chlei ydrückt. D Stoossstange vom Fredy Weyeneth het allerdings schitterer drygluegt! Jä nu.
«Wo hän Si anewelle?» het der eint vo de Polizischte wölle wüsse, u wo der Fredy het gseit, er heig der Zoo gsuecht, hei si sech anerbotte, si fahri voruus, är söll ne numen alles hingernache fahre.
Gly druuf isch der Fredy Weyeneth i Polizeibegleitig vor em Basler Zolli vorgfahren u het no nid rächt gwüsst, göb er das Erläbnis zu de heitere oder fyschtere söll bueche.

Urloub

«Ruhn! Abträtte!» het's gheisse, u jetz isch der Urs Bränzikofer ungerwägs gsi für hei, i Urloub. Es isch e schöne, warme Tag gsi, ds Outo isch zfride troolet. Är het es Liedli vor sech ane pfiffen und isch so rächt zfride gsi; är het sech gfreut uf das Wuchenändi.
Ungereinisch chömen ihm zwöi Outo etgäge; ds einten uf syre Syte het der anger überholt.
«Blöde Siech!» het der Urs Bränzikofer donneret u ds Outo umegschrisse, ganz rächts use. Um Santimeter sy si anenanger verbycho. Aber druuf het ds Outo vom Urs aafo tanze, hinger usgschlage – u jetz isch's grediuus ds Börtli ab. Dunger, imnen Acher, isch's blybe stoh u het wider dörthäre gluegt, wo me härcho isch.
Wyt aben isch's nid ggange; aber wyt gnue, für em Urs Bränzikofer e zümftige Schrecken yzjage. Är isch im Outo blybe hocke, het gmerkt, dass der Motor ou stillsteit, und afen einisch mit zitterige Finger der Aalasser drääit.
Der Motor isch ömel no ggange. U chlei wyter vorne hätt's es Ströössli gha, wo me wider hätt ufe chönnen uf d Houptstrooss. Aber won er der erscht Gang het yneto, hei d Reder i dere weiche, füechten Acherärde zläärem drääit; ds Outo isch nid vom Fläck cho.
Was jetze? Der Urs Bränzikofer isch usgstigen u het di Sach vo dusse gschouet. Das het strub usgseh: D Hingerreder sy bis aben uf d Achs im Dräck inne ghocket. Nei, do chöm er nümmen use, het sech der Urs Bränzikofer gseit.
Do rüeft plötzlech eine: «Bränzikofer! Was isch?»
Der Houpmen isch doben uf der Strooss näbem Outo gstangen u het abegluegt. Der Urs Bränzikofer isch ihm paar Schritt etgäge ggange; aber dä isch scho abe cho, u mit ihm no zwee Soldate.

Der Urs Bränzikofer het sym Houpme verzellt, wi das zueggange syg. Mi isch um ds Outo ume glüffen u het's gmuschteret. Nächär het der Houpme befole: «Also, Bränzikofer, styget y!» Der Urs Bränzikofer isch ygstige. «Motor aalo! – Zwöite Gang! – Süferli Gas gä!»
Di drei hei hinger gstosse, u ganz langsam, mit viil Hin-u-här-Füdele, isch das Outo zum Acher uus em Ströössli zue grugelet.
Dört hei du d Reder wider möge gryffe, und es isch us eigeter Chraft ds Stützli uuf. Der Urs Bränzikofer isch uf d Strooss use gfahre. Hinger em Outo vo sym Houpme het er parkiert und isch usgstige.
Di drei sy grad ds Ströössli uuf um e Rank cho. Der Urs Bränzikofer isch ne chlei etgäge ggange – aber uf einisch isch er wi aagwurzlet blybe stoh. Är het ds Muul offe glo u sen aaglotzet.
«Was isch, Bränzikofer?» het der Houpme wölle wüsse, wo si nume no paar Schritt usenanger sy gsi. «Was lueget Dihr wi ne Chue?»
«Herr Ho-Houpme!» het der Urs Bränzikofer gstaglet. «Eui U-Uniform!»
Der Houpme het a sech abegluegt u grinset. Är isch vo zoberscht bis zungerscht cholerabeschwarz gsi vo däm Dräck.
«I mues mi de allwäg angers gschire, wen i no uus wott», het er gmeint.
«Danke, Herr Houpme!» het der Urs Bränzikofer gseit und ihm d Hang gschüttlet. Won er ou syne Kamerade het «Merci» gseit gha, isch me wider ygstigen u wytergfahre.
Der Urs Bränzikofer het sech jetz grad no einisch so hert uf en Urloub gfreut. Är het de wölle go verzelle, was er für ne Houpme heig!

Es Tête-à-queux

Wohl, jetz fahr er doch grad es bitzeli schnäll, het's der Schöni Bärtu dunkt, won er ds Dorf uus gfahren isch. Derby hätt er de gar nid öppe z pressiere gha. Mit em Marlys het er erscht uf di sibni abgmacht, u's isch no nid emol sächsi gsi.
Genau i däm Momänt, won er ab em Gas isch, het der Bärtu gspürt, wi der Wage foot aafo tanze. Zerscht gäng chlei linggs use, nächär wider ei Wäg – und er het genau gwüsst, dass er jetz nid uf d Bräms darf; aber er isch glych uf d Bräms gstange, ohni z wölle.
Do isch's passiert: Das Outo het es Tête-à-queux gmacht – nüüt Schöners! Hingertsi isch dä Wage wytergschlittlet uf der fyne Schneeschicht, u der Bärtu het ume dört häre gluegt, won er härcho isch.
Hundert Sache syn ihm uf einisch dür e Chopf gschosse. Nume guet, dass keinen etgäge chunnt! Nie brämsen i settige Momänte! D Husufgabe für d Gwärbschuel sy ou no nid gmacht! Der Fuessgängerstreiffe! Ds Marlys wartet!
Do het's tätscht u gchroset u gchrisaschtet u gschirbelet. Der Bärtu het's dunkt, es wöll nümme höre.
Ändtlech isch's still gsi. Der Charen isch gstange. No eis läärs Schärbele – nächär Totestilli.
Der Bärtu Schöni isch usgstige.
Um e Huseggen isch e Maa cho z hüschtere. Är het der Hals gstreckt und isch langsamer glüffe, won er ds Outo u dä jung Maa gseh het. Uf der änere Stroossesyte sy ou plötzlech zwo Froue wi aagnaglet gstange.
Der Bärtu isch um ds Outo ume glüffe. Ds ganzen Ysegländer het er abgruumt gha, acht oder zäh Pföschten abgrasiert. Di ganzi rächti Syte vom Outo isch ufgrisse gsi. D

Hingerreder hei schief i d Wält gluegt, u ds rächte Vorderrad isch ou tschärpis gstange.
«Jo, junge Maa, das isch e Totalschade!» het dä Mano gseit, wo um e Huseggen isch cho u jetz näbem Outo gstangen isch. Ganz so schlimm wärdi's öppe nid sy, het der Bärtu brümelet und a ds rächte Hingerrad gstüpft. Do isch das abgheit und uf ds Trottoir troolet.
Es sy jetz no meh Lüt zueche cho. Der Bärtu het sech verwungeret, wo die ou alli härcho syge. Vori heig me doch no kei Mönsch gseh wyt u breit.
Em Bärtu isch's uf einisch gschmuech worde.
«Excusez!» het er gseit u het dür ne Gruppe düre wölle. «Löt mi düre!»
Aber mi isch ihm i Wäg gstange.
«Nüüt do!» het er ghört. «Do wird blibe!» – «Jetz hurti verdufte, gäll Pürschteli, das chönnt dir so passe!» – «Wi nen Aff isch er gfahre.» – «Wart jetz nume no grad echlei!»
«I wott jo nume schnäll go telefoniere», het der Bärtu gseit u wider probiert, dür d Lüt düre z cho.
«D Polizei han i scho avisiert», het en eltere Heer mit Chutten u Grawatte gseit. «Si chöme jeden Ougeblick.»
«Nid der Polizei. Em Vatter wott i telefoniere.» Em Bärtu isch's hundseländ gsi. Es het ne dunkt, jetz chönnt er de grad loshüüle.
«Ds Outo ghört doch em Vatter.»
«So löt ne doch düre!» het e Frouestimm gmacht, und e Maa het gmeint: «'s söll öpper mit ihm goh, nid dass er no abhout.»
Jetz het er düre chönne. D Lüt sy süferli dänne. Bis zu der Telefonkabinen isch's nid wyt gsi, aber der Bärtu het's en Ewigkeit dunkt. Är het gspürt, wi zwee Manne nid wyt hinger ihm sy nachecho.
I der Telefonkabine het er Münz us em Hosesack gchnüblet

67

u der Hörer abgno. Nächär het er zwöi Zwänzgi abeglo u vorsorglech no nes paar Zähni. U jetz het er gwählt.
Das wärdi öppis absetze! het er sech gseit. Der Vatter u sys Outo!
«Schöni.»
Der Bärtu: «Sälü Vatter. Du, i ha – i ha ds Outo ygschosse.» Der Bärtu het läär gschlückt. So hässig het er's nid wölle säge. Aber jetz isch's dusse gsi. Ds Donnerwätter het chönne losgoh!
«Bärtu, het's dir nüüt gmacht?»
«Es het – jä, wi meinsch?»
«Bisch nid verletzt?»
«Nei. Verletzt bin i nid. Aber ds Outo...»
«We's nume dir nüüt to het», het ne der Vatter ungerbroche. «Das isch d Houptsach. Wo bisch?»
Der Bärtu het erklärt, won er syg, u nächär guet Nacht gseit. Won er usen isch us der Telefonkabine, hei di zwee Manne gäng no gwartet. Aber jetz isch's ihm glych gsi. Sit vori het er gwüsst, dass är em Vatter wichtiger syg weder ds Outo.

Abschleppdienscht

Das syg jetz ömel ou e Souverchehr hinecht! het sech der Walter Ganz gseit, won er gäge d Stadt zue gfahren isch. U scho het di Kolonne wider müesse halte vor em Polizischt. Der Walter Ganz het e Zigaretten aazündtet und emne Meitschi nachegluegt, wo düreglüffen isch. Längi blondi Haar het's gha. Ömel e Wüeschti syg's de nid, het er dänkt.

Do het me wider chönne fahre. Der Walter Ganz het ou Gas ggä, isch i der Kolonne wytergfahren u het im Rückspiegel das Meitschi gsuecht u gfunge. Wohl, e Hübschi! Nid nume d Haar hein ihm gfalle.

Grad no im alleriletschten Ougeblick het er gmerkt, dass si vor ihm wider ghalte hei. Är isch voll uf d Bräms gstange. 's het fasch chlei ggyxet. Der Döschwo vom Walter Ganz isch vornen abeggange – u's het grad no möge länge. Das heisst: Chlei aaputscht isch er glych no, nume ganz liecht, aber glych no so, dass di Damen im vorderen Outo der Chopf drääit u giftig hingere gluegt het.

Der Walter Ganz het fyn gwunke. Das het chönne heisse, es heig nüüt gmacht, oder: «Excusez, das han i nid wölle!» Item, si het ömel wider füre gluegt, und är het wider sys Meitschi gsuecht. Aber er het's niene meh gseh.

Jetz sy si vornen ou wider gfahre. Der Walter Ganz het der erscht Gang yneto; aber no gäb er het uskupplet, isch sys Outo vo sälber losgfahre.

Zerscht isch er erchlüpft, aber nächär het er begriffe, was los gsi isch: Bi däm Stopp vori hei sech d Hörnli a der Stossstange vom Döschwo i dere vom Vorderwage verfange, u jetz isch er ohni's z wöllen aaghänkt gsi. Ds Outo vo dere Dame het der Döschwo vom Walter Ganz abgschleppt.

«He nu! Mira wohl!» het der Walter Ganz brümelet u dänkt, de löi er sech halt vo dere Dame lo zie. Är het wider der Läärlouf yneto und ufpasst, dass er mit Reise het nachemöge.

So sy si zäme zmitts dür d Stadt düre gfahre. Di Dame het gäng wider i Rückspiegel gluegt, hie und do der Chopf drääit u hurti hingere gluegt, halb hässig, halb verwungeret. Der Walter Ganz het de albe nume läässig gwunken u fründlech grinset.

Jetz isch di Damen i di linggi Spur ybboge – der Walter Ganz ou. Si het linggs blinket – är ou.
«So isch rächt!» het er vor sech ane gseit. «Do düre geit's.» Gäng u gäng wider het di Dame vor ihm churz der Chopf drääit. Mi het's gmerkt: Dä Döschwo het se närvös gmacht. Der Walter Ganz het albe sys fründlechschte Lächlen ufgsetzt u beruehigend abgwunke, wi wen er wett säge: «Nenei, 's isch nüüt passiert. Nume gäng hü so!»
Jetz isch me d Schützegass uuf gfahre. Di Dame het chlei meh Gas ggä. Der Döschwo het problemlos nachemöge. Di Dame het aafo hin u här rangge. Der Walter Ganz het chönne gseh, dass's nere niene meh wohl isch.
«'s geit nümme wyt!» het er se gluegt z trööste; aber das het si natürlech nid chönne verstoh u nume gäng i chürzeren Abstäng hingere gluegt, göb dä donners Döschwo de nid öppen einisch wöll Abstand näh!
So, jetz wär der Walter Ganz de gly deheime gsi. Är het der Blinker rächts gstellt u sech parat gmacht, wi ne Fallschirmabspringer vor em Usstiig us em Flugzüüg.
U jetz isch der gross Momänt cho: e Vollbrämsig – e churze Ruck – es chlyses Gyxe.
Di Damen isch dervogfahre u het es letschts Mol mit grossen Ouge hingere gluegt. No einisch het der Walter Ganz gwunke. Nächär het er müesse der zwöit Gang ynetue und isch abboge gäge sy Parkplatz.
Deheime het er e Hammer u ne Zange greicht, u scho nach paarne wenige Minute sy di Stossstange-Hörnli wider grichtet gsi. Das syg jetz e luschtegi Fahrt gsi, het der Walter Ganz gfunge, u gstört het ne nume, dass er dere Dame nid het chönne prichte, wi das genau ggange syg.

Ds Trottinett

Ganz fachmännisch het der Herr Iseli ds Outo putzt gha: Gschamponiert het er's, abgsprützt, u zletscht mit emne Hirschläder tröchnet. Jetz het er's zringsetum gmuschteret. Wowohl! Neu isch's zwar nid gsi, das Outo, jä wohär! En Occasion. Aber no ganz guet usgseh het's. U jetze, so früsch gwäsche, het di roti Farb wider fei echlei glänzt. Wohl, i däm Wägeli het me sech dörfe zeige!
Wo der Herr Iseli d Schwümm u d Lümpen u ds Chesseli het usgwäsche gha, isch er alles i der Wöschchuchi go verruume, u nächär isch er ufe ggange, i d Stube go höckle, het sech es Bier gnämiget, e Stumpen aazündtet u d Zytig gläse.
Är isch no nid über die internationali Lag uus gsi, won er es Gschrei het ghört. Mit emne Süüfzger isch er ufgstangen und usen uf e Balkon go luege, was es ächt jetz wider gäb.
D Buebe sy wider einisch am Ziggle gsi.
«Der Roland wott mer ds Trottinett nid gä!» het's gheisse, u: «Der Bruno loot mi nid lo fahre; är steit mer gäng im Wäg!»
Der Herr Iseli het e salomonischi Lösig vorgschlage: Füf Minute fahri jetz der Roland, nach füf Minute tüeg me wächsle, u de fahri der Bruno syner füf Minute, druuf tüeg me wider wächsle. «I chume de cho rüeffe, we di füf Minute düre sy», het der Herr Iseli versproche.
Dä vätterlech Entscheid isch akzeptiert worde. Der Roland isch dervogsuuret, der Bruno isch a ds Rasebörtli ghöcklet u het mit em Chiis uf em Wägli gspiilt.
Der Herr Iseli het wider hinger sy Zytig chönnen u het sech wyter der Ussepolitik gwidmet.
Der erscht Wächsel nach füf Minute het er aber pünktlech yghalte: «Platzwächsel!» het er nach emnen ohrebetäu-

bende Pfiff dür d Finger vom Balkon obenabe befole. U ds Trottinett isch ohni es Wort vom Grösseren uf e Chlyner überggange.

Hingägen isch du der zwöit Wächsel im Lokalteil vo der Zytig ungerggange. Der Herr Iseli isch derewäg i d Lektüre vertieft gsi, dass er sogar Bier u Stumpe het vergässe gha – verschwyge de der Schiidsrichterpfiff!

Erscht won er der Bruno i der Stube vor sech het gseh stoh, het der Herr Iseli ufgschouet. Zerscht het er gfragt: «Was isch?» Nächär het er uf d Uhr gluegt u gseit: «Aha, jo! Isch guet, dihr chöit wächsle.»

Der Herr Iseli het scho wider wölle wyterläse, won er gmerkt het, dass der Bruno no gäng isch do gstange. Und er het ne chlei ungeduldig gfragt, fasch ohni ufzluege: «Isch no öppis?»

«I ha... I bi...» Der Bruno het läär gschlückt, druuf het er sech e Ruck ggä u gseit: «Ds Trottinett isch i ds Outo putscht.»

«Aha!» het der Herr Iseli wölle loswättere; aber er het sech grad no möge bha. Grad so ganz uschuldig isch er sech doch nid vorcho! Schliesslech sy di zwöite füf Minute fasch gar e Viertelstung läng gsi. «Aha. U jetz het's e Chräbel ggä?» het er wölle wüsse.

«Nei. Chräbel het's e keine ggä», het der Bruno gmacht mit ere Stimm, wi wen er jetz de grad wett gränne.

«He nu», het der Herr Iseli gmeint, «de hei mir jo no Glück gha. Jetz geisch ds Trottinett go reichen u gisch es em Roland. Är darf de ou chlei lenger weder füf Minute fahre.»

Der Herr Iseli het der Stumpe wider aazündtet, wo usggangen isch gsi, het d Zytig zwäggrütscht u wölle wyterläse; aber der Bueb isch blybe stoh wi aagnaglet, und er het ne fragend aagluegt.

«I cha – cha ds Trotti – cha ds Trotti nid näh!» het der Bruno lysli gstaglet.
«Werum nid?»
«Es steckt», het der Bueb erklärt.
«Wo steckt's?»
«Im Outo!» So. U jetz sy richtig d Träne cho.
Der Herr Iseli het d Zytig lo sy, isch ufgstangen u het sym Bueb der Arm um d Achsle gleit. «Chumm, mir wei go luege!» het er gseit.
Hinger em Huus isch ds roten Outo gstange, früsch gwäschen u glänzig. U schreeg a Gofer anen isch ds Trottinett glähnet. Wo si nööcher sy cho, het der Herr Iseli gseh, dass der rächt Griff unger am Goferedechel es Loch dür ds Bläch düre gschlage het gha u wyt innen isch gsteckt.
Är isch häre, het das Guidon packt u's mit eim Ruck usezoge. E ganzi Fläre Bläch isch mitcho.
Der Herr Iseli isch abegchnöilet, het gluegt, griffe, mit em Chnödli töpperlet. Di lengschti Zyt het er keis Wort gseit.
Der Bruno het interessiert zuegluegt, und ou der Roland het sech nach emne Zytli zuecheglo, won er gmerkt het, dass es allwäg keis Donnerwätter absetzi.
«Nume no Roscht u Farb!» het der Herr Iseli ändtlech chönne säge. «Roscht u chlei Farb drüber!» Und i allem Ufstoh het er zwüsche de Zähn füre knirschet: «So ne Dräcksiech!»
Öppe zäh Tag druuf isch der Bruno Iseli mit em Trottinett dür ds Quartier gfahren u het überall plagiert, är syg de tschuld, dass Iselis es nöis Outo heige. Jä wohl, wen är nid es Loch i ds alte gmacht hätti, wär dä Roscht nie uscho. Plötzlech wär's de z spät gsi! Jetz hingäge heig's der Garagist no müessen umtuusche.

E Mietwage

Heitere Fahne, het das grägnet! Nume so gsträäzt! Der Herr Winkelmaa het fasch nüüt meh möge gseh dür dä Wasservorhang düren und isch nume ganz süferli d Strooss zdüruus düüsselet, im zwöite Gang, öppe so mit dryssg. D Schybewüscher hei chuum nachemöge mit Ruedere.
Do isch d Abzweigig gsi. Bimne Haar hätt se der Herr Winkelmaa verpasst. Blinke, linggs umeha und i das schmale Ströössli ynefahren isch jetz grad alles i eim ggange.
Won er zdüruuf gägem Feriehuus gfahren isch, sy em Herr Winkelmaa richtegi Bärgbech etgäge cho. Är het bald gmeint, är fahri imene Bachbett, u das Fahrverbot mit der Zuebringertafele het sech fasch chlei lächerlech gmacht.
«So, ändtlech!» het der Herr Winkelmaa erliechteret ufgsüüfzget, won er linggs vom Ströössli ds Feriehüsli us em Räge het gseh uftouche. Di Fahrt het's ihm scho lang nümm chönne, und er isch froh gsi, dass er jetz i d Garagenyfahrt het chönnen abbiege.
Nächär isch alles ganz gleitig ggange. Das Börtli isch vom Räge derewäg ufgweicht gsi, dass ds Outo drüberabgrütscht isch wi ne Schlitte dür e Schnee u – tätsch! – am Garagepfoschten isch z stoh cho.
Vo däm Chesslen u Schirbelen ufgschüücht, sy d Frou u d Ching trotz em strömende Räge voruse cho luege, was es ömel ou gäb. Der Herr Winkelmaa isch usgstige, u jetz sy si alli um ds Outo ume gstange.
«Het's der nüüt gmacht, Röbi?» het d Frou Winkelmaa gchummeret. Är het der Chopf gschüttlet u bedrückt gseit: «Nei, mir nid – aber däm do!» u het mit em Chini uf ds Outo zeigt.
Jo, «dä do» het allerdings schitter usgseh. Vorne linggs isch

alles ytätscht gsi: d Stossstange, ds Chüelergitter, der Kotflügel, d Motorhube – alles verrumpfet u verchruglet, d Lampe verschlage, der Pneu e Pladi.
«Chumm!» het d Frou Winkelmaa gseit und ihre Maa am Arm gno. «Mir müessen i ne Garagen aalüte.»
Wi nen abgschlagne Hung isch er yne. D Ching hei ou d Chöpf lo hangen u nüüt gseit. Dinne hei si sech i ds Chinderzimmer verzoge, und är isch a Tisch ane ghocket, het d Ellbögen ufgstützt u der Chopf i d Pfüüscht gleit.
D Frou Winkelmaa het im Telefonbuech e Garage gsuecht. Nach emne Zytli het si öppis gfunge gha u der Maa gfragt: «Wottsch du oder söll i?»
Är het sech e Mupf ggä u gseit: «I will scho.»
Är het am Telefon di Sach erklärt u gseit, wo's düregangi, het Bscheid übercho, mi chömi grad. Druuf isch er no d Kommissionetäschen us em Outo go reiche, het süsch no alles usegruumt, was men öppe bruucht het, u nach ere guete Stung sy zwee do gsi mit em Abschleppchäreli.
Es het ufghört gha mit Rägne, blätzewys het me scho wider der heiter Himel gseh. Winkelmaas sy uf em Balkon usse gstangen u hei der Bärg zdürab ihrem Outo nachegluegt, wo uf em Abschleppwage dervogfahren isch.
Der Familierat het bim Znacht du feschtgstellt, ohni Outo syg me do obe zimli ufgschmisse, u mi het beschlosse, mi gangi halt eis go miete.
Zmorndrisch bizyte sy der Herr Winkelmaa u der Bueb em Bahnhof zue gmarschiert u mit em Zug i d Stadt gfahre, für ne Mietwage go z sueche.
«Aber, gäll Vatter, de ke Peugeot!» het der Res ungerwägs einisch gseit.
«Hm», het der Herr Winkelmaa brummlet. Är het d Zytig gläse, won er am Kiosk het gchouft gha. «Mir isch's glych. Warum ke Peugeot?»

«He, Brönimaas hei doch eine», het der Res erklärt. «Das isch so ne blödi Chischte. Nei, alles – nume kei Peugeot!» Är wöll de luege, het der Herr Winkelmaa versproche.

Wo si aacho sy, isch der Herr Winkelmaa grad am Bahnhof go d Adrässe vo neren Outovermietig höische, u nächär hei sech di beide Mannen ufgmacht, für di Garage go z sueche. Es isch nid wyt gsi, u scho gly einisch het der Herr Winkelmaa sys Aalige chönne vorbringe.

«Jo, es het no grad eine», het di Damen im Büro gseit. «Dört, lueget, näb der Wärchstatt.» U si het mit em Arm zum Fänschter zeigt.

Der Vatter u der Bueb hei d Chöpf zum Fänschter uus gstreckt, nächär hei si enanger läng aagluegt. Es isch e Peugeot gsi!

«U süsch – süsch het's ke angere?» het der Herr Winkelmaa gfragt.

«Nei, das isch im Momänt der einzig, wo no frei isch.»

«Hm. De – näh mer ne halt», het sech der Herr Winkelmaa entschlosse.

Wo der Papyrchrieg isch erlediget gsi, hei si d Schlüsslen übercho, u mi het chönne losfahre. Der Herr Winkelmaa het sech zersch echlei müessen a das frömden Outo gwöhne, isch im Sitz grangget u het no d Lähne verstellt, nächär sy si losgfahre.

Wo ne Tunnel cho isch, het der Herr Winkelmaa brummlet: «Wo zum Donnerli het jetz dä ou ds Liecht?»

«Do», het der Bueb gseit u's em Vatter zeigt. Nach em Tunnel het er ihm du no d Schybewüscher erklärt. «U do isch d Schybewäschaalag», het er gseit.

Churz nach em Dorf, won er linggs blinket het, für ds Ströössli zdüruuf z fahre, het der Herr Winkelmaa gfunge: «Är isch no ganz gäbig z fahre!»

«Gäll», het der Bueb bypflichtet. «U mi hocket guet.»

En Outoschelm

Der Marti Mäxu het no syne Kollege gwunke, nächär isch er über e Bahnhofplatz glüffe zu sym Outo. Si sy vomne Änglischkurs cho u hei no schnäll im Bahnhofbuffet eis gha.
So, jetz aber hei! het sech der Mäxu gseit, süsch gäb's de am Änd keis Znacht meh.
Gäng am Donnschtig isch er i ds Änglisch ggange. Är het de albe ds Outo uf em Parkplatz bim Bahnhof lo stoh und isch zäme mit syne Kollege mit em Zug gfahre. Erschtens isch's billiger gsi däwäg u zwöitens ou gäbiger, wäg de Parkplätz.
Der Mäxu het es Liedli pfiffe, d Schlüssle füregno u wölle sys Outo – en orange VW-Chäfer – ufbschliesse. Aber der Schlüssel het gchlemmt. Göb er ächt der lätz verwütscht heig? het sech der Mäxu gfragt u dä Schlüssel no einisch gschouet. Nei, 's wär der rächt gsi. Är het no einisch probiert. Wider het's gchlemmt; was zum Kuckuck söll jetz das! Är het chlei energischer drückt, aber das Schloss het sech nid lo bewege.
Ungereinisch isch e Maa näbem Marti Mäxu gstangen u het ne läng aagluegt. Dä het sech nid lo stören u het gäng u gäng wider probiert das Schloss ufzbringe.
Do het ne dä Maa am Arm packt u «Hallo!» gseit.
Dä syg allwäg chlei zue, het sech der Marti Mäxu gseit u fründlech «gueten Oobe!» gwünscht. Nächär het er süferli gluegt der Arm frei z mache. Aber dä Mano het ne nume no feschter packt u giftig gfragt: «Was heit Dihr do a mym Outo z tue?»
«Jä – aha!» Em Mäxu isch e Stallatärnen ufggange. «Das isch Eues Outo?»
«Ömel Eues nid, oder!» het dä Mano ghässelet.

«Nenei.» Jetz isch's em Mäxu klar gsi, wiso dä Schlüssel nid ggangen isch, und er het ou scho sys Outo gseh gha, nid wyt, schreeg dört äne.

«Aha, de gät Dihr also zue, Dihr heiget amne frömden Outo umegfummlet!» het dä Mano bbouelet.

«E jo, i ha doch...»

«Hallo! Hallo, Wachtmeischter!» het jetz dä Mano brüelet. «Wachtmeischter!»

Der Mäxu het e Polizischt uf se zue gseh marschieren u probiert z erkläre: «I ha doch nume...» Aber der Mano het nen ungerbroche: «So, Pürschteli, jetz geit's den Lauf der Gerechtigkeit!» u ne no feschter packt.

Der Polizischt isch do gsi. Är het churz d Hang a d Mütze gleit u wölle wüsse: «Was git's?»

«Dihr müesst dä Outoschelm do verhafte!» het sech der Mano ergelschteret. «I ha nen uf früscher Tat ertappt, won er mys Outo het wölle stäle.»

«Dumms Züüg!» het der Marti Mäxu gseit. «I ha mi im Outo trumpiert.»

«Dihr chöit dä jung Maa jetz lo goh», het der Polizischt zum Mano gseit.

Numen ungärn het dä der Griff glockeret u derzue gmuulet: «Lööt ne de nume nid lo dervolouffe!»

«Heit Dihr en Uswys?» het der Polizischt der Marti Mäxu gfragt.

«Jo. Im Outo.»

«Im Outo! Im Outo!» het der Mano gchrächzet. «Das isch jetz no der Bescht: im Outo!»

«Wo heit Dihr Eues Outo?»

«Dört.» Der Mäxu het zu sym orange Chäfer übere zeigt. Der Polizischt het übergeluegt, wider zrugg uf das Outo do, und es chlyses Grinsen isch über sys Gsicht gfloge.

«Göh mer go luege!» het er gmeint, u zdrittehöch sy si

übereglüffe zum angeren orange Chäfer, der Mano gäng ganz nooch bim Marti Mäxu, dass er ne hätt chönne packe, wen er hätt wölle verdufte.
Däne het der Mäxu der Schlüssel füregno, i ds Schloss gsteckt u drääit. Dasmol isch's spilend ggange. Är het sy Uswys us em Fächli gno u nen em Polizischt ggä.
Dä het ne gstudiert, d Nummeren am Outo gläse, wider i Uswys gluegt; druuf het er nen em Marti Mäxu umeggä u gmacht: «Ir Ornig.» U zu däm Mano: «De weit Dihr dänk kei Aazeig mache?»
«Aha, jäso.» Är het läär gschlückt. «I däm Fall nid, nei.»
«Guet, myni Herre!» U der Polizischt het wider churz sy Hang a d Mütze gleit und isch wäggmarschiert. Di zwee het er lo stoh.
«Jo, äbe. De halt nüüt für unguet», het der Mano verläge gstaglet.
«Scho rächt», het der Marti Mäxu gseit und ihm d Hang häregstreckt.
«I mues mi entschuldige. I hätt besser sölle ufpasse.»
Si hei enanger d Hang gschüttlet, nächär isch jeden i sy orange Chäfer gstige, u scho gly druuf sy si hingerenang d Stadt uus gfahre.

Heizue

Also, di erschtbeschti Outostöpplerin nähm er de mit, het sech der Ruedi Balsiger gseit, won er über d Mülibrügg gfahren isch. U wöll si häre, wo si wöll, är tüeg se dört häre! Oder de nähm er se mit zu sich hei.

Si hei Chritz gha zäme, der Ruedi u ds Meieli. 's isch nid glüffe, wi's hätt sölle. U wo ds Meieli no mit em Zug het hei wölle, statt dass är's hätt hei to, isch der Zapfen ab gsi.
«Mira!» het er gseit, u: «Mira!» het er jetz im läären Outo wider vor sech ane brümelet, hässig jetz u hässig denn. D Ample hei gälb blinket. Es isch scho spät gsi.
Är isch langsamer gfahre, weder dass me hätt dörfe. Do sy si albe gstange, d Outostöppler. Süsch isch er ender schnäller gfahre, nid viil, aber gäng chlei meh als erloubt; hinecht het er paar Kilometer unger der Gränze gha.
Aber usgrächnet hinecht isch niemer do gstange. Nid emol e Pursch, verschwige de nes Meitschi. Süsch het's ere doch gäng gha, ganz Zylete mängisch.
«Jä jetze!» het der Ruedi vor sech ane brümelet. «De het halt das ou nid sölle sy.»
Är het Gas ggä und isch d Stadt uus gfahre, jetz wider es bitzeli schnäller, weder dass me hätt dörfe.
I allem Fahre het er sech usgmale, wi's hätt chönne sy: Dört, bi der Stroosselampe wär si gstange. Är het se scho vo wytem gseh gha, het rächts blinket und isch zuechegfahre, het aaghalte, d Türen ufgmacht.
«Bâle?» het si gfragt. Aha, e Wältschi!
«Jo», het er gmacht, we's scho hinger u vorne nid gstimmt het. «Styget numen y!»
Vo der Syte het er sen im Verschleikte gmuschteret, wo si wytergfahre sy. Es isch e Hübschi gsi: längi schwarzi Haar, grossi Ouge, e dunkle Teint. Di chlyne, zierleche Häng het si uf d Jeans gleit gha, und ihri grobglismeti Jaggen isch offegstange.
«Was weit Dihr z Basel?» het er es Gspräch aagfange. Si wüssi's no nid genau, si heig Fründe dört, het er erfahre u no ne ganze Huuffe meh: Si chöm us Paris, heig bis vor paarne Tage gstudiert, jetz syg's ere verleidet, si wöll chlei

go d Wält aaluege, Lüt lehre kenne, heig no keiner feschte Plän u läbi eifach so i Tag yne...
Fei chlei gsprächig isch's gsi, ds Nathalie. Dass das Meitschi Nathalie heissi, het er ou erfahre, u scho z Pieterle sy si duzis gsi zäme.
Bi der Längnouer Ortstafele het er gmeint: «So, do wär i deheime. Wi hesch's, chunsch no hurti zu mir hei, cho nes Gaffee näh?»
«Gärn», het ds Nathalie gseit.
Är isch linggs abbogen und ufe gfahre, het ds Outo uf em Parkplatz abgstellt. Nächär sy si zämen ynen u d Stägen uuf. Der Ruedi het ds Nathalie i sy Junggsellewonig gfüert...
Aber do isch zgrächtem d Ortstafele vo Längnou cho u het der Ruedi us syne Tröim gweckt. Är isch langsamer gfahre, het linggs blinket, obsi gha, isch uf e Parkplatz gfahren u het der Motor abgstellt.
Nächär isch er ynen u d Stägen uuf – eleini dasmol! – het sy Junggsellewonig ufbschlossen und isch yne.
Uf em Tisch isch no ds Gschiir vom Znacht gstangen u ne lääri Bierfläsche. I der Pfanne het's no Hörnli gha. D Türe zum Schlofzimmer isch offegstange, ds Bett isch nid gmacht gsi.
Wohl, es syg allwäg gschyder, är syg ohni Nathalie heicho, het der Ruedi vor sech ane grinset. Är het aagfange, das Gschiir abzwäschen u's uf ds Abtropfbrätt gstellt.
Do isch ds Telefon ggange.
D Chuchiuhr het grad viertel vor zwölfi gha. Um die Zyt!
«Balsiger!» het sech der Ruedi gmäldet, u: «Meieli», het's uf der angere Syte tönt.
«Meieli!» het der Ruedi ganz erschrocke gmacht. «Isch öppis passiert? Hesch der Zug verpasst? Was isch ömel ou los?»

«Nüüt, Ruedi.» Es isch es Momänteli still bliben im Hörer.
«Es tuet mer so leid wäge hinecht. I ha nid wölle zangge.»
«Aber Meieli, du brieggisch jo!» het der Ruedi lysli gseit.
Är hätt's am liebschten a nes Ärveli gno, we das dür ds Telefon düre ggange wär, u dür e Chopf gschossen isch's ihm: Ds Nathalie chönnt er weiss Gott jetz nid bruuche!

D Fahrprüeffig

Äs ghei ganz sicher düre, het ds Margrit bhouptet u ds Gringli lo hange. Der Fahrlehrer heig's geschter ömel ou no gseit.
«Eh, dä het di nume no chlei wölle gusle», het ds Rita sy Fründin probiert z tröschte. «Dass du dir de um so meh Müei gäbsch.»
«Weisch, ds Fahre, das gieng jo no», het ds Margrit gmeint, «aber ds Parkiere!» Und e Tschuder het ihn's gschüttlet.
Zmorndrisch am nüüni isch's der Fahrlehrer cho abhole. Es het no ne Lektion übercho: parkiere, hingertsi u füretsi, chehre, a Stroosserand fahre, widder parkiere...
's isch nid grossartig gsi, u wo si bim Expertebüro vorgfahre sy, het ömel der Fahrlehrer fyschter i d Wält gluegt.
Item, der Experte isch du cho, scho nen eltere, nätte Heer. Är het beidi fründlech begrüesst; nächär isch men ygstige, u losggangen isch es.
«Vorne rächts! – Nächschti linggs! – Der Houptstrooss nache!» het's albe gheisse. Der Experte het en aagnämi, ruehegi Stimm gha, u ds Margrit het's dunkt, es fahri no ganz guet. «Jetz wider rächts!»

Ungereinisch het der Motor ghueschtet – es het e Ruck ggä, gly druuf grad no einisch.
«Was isch jetz das?» isch der Experten ufgschosse.
Drufabe het's ds Outo nume no ghudlet.
«Fahret uf ds Trottoir!» het der Experte befole. Ds Margrit het blinket u ds Outo uf ds Trottoir lo troole. Der Motor het vo sälber abgstellt gha.
«Souerei! E Motorpanne», het der Experte feschtgstellt. «Mir müessen öpper lo cho.»
Aber ds Margrit het scho feschtgstellt gha, was los syg. «Nenei», het's gseit. «Ds Bänzin isch usggange.»
«Meinet Dihr?» het der Experte zwyflet; aber ds Margrit isch scho usgstigen u het der Gofer ufgmacht. Der Experte isch ou cho luege. Das Meitschi het richtig vermuetet gha. E Resärvekanischter isch dinne gstange, no halb voll.
Fachmännisch, wi we's das all Tag miech, het ds Margrit der Yfüllstutzen ufgschrubt, der Experte het sider der Tankdechel abgno. Nächär het es ygfüllt, u wo der Kanischter isch läär gsi, het der Experte wider der Dechel ufgschrubt, sider dass äs der Kanischter versorget het.
Jetz sy si wider ygstige. Ds Margrit het der Schlüssel drääit und es Zytli müessen orgele. Der Motor het no nid grad wider wöllen aaspringe, aber nächär isch er doch du cho, u mi het chönne wyterfahre.
«Nächschti linggs!» het der Experte befole, wi we nüüt wär gsi, u d Prüeffig isch wytergange. «Bim Wägwyser rächts!» Si sy wider i d Gäged vom Expertebüro cho. Dört vorne sy d Parkplätz gsi, wo ds Margrit dä Morge no het güebt, und es het gspürt, wi d Häng aafö füecht wärde.
«So, u jetze...» het der Experten aagfange, druuf uf d Uhr gluegt, der Chopf gschüttlet u gseit: «Nei. Fahret zum Expertebüro. Dä söll jetz no go tanke, är het jo no einen am elfi.»

Ds Margrit isch näbe dene Parkplätz verbygfahre, het chlei überegschilet, nächär het's zuechegha und isch füretsi uf ene Parkplatz gfahre, zimli grad. Der Motor het's abgstellt. Der Experte het es Blöckli füregno und öppis aafo schrybe. Ds Margrit het gwartet.
«Es isch rächt gsi, Fröilein», het er ungereinisch i allem Schrybe gmacht. «Dihr heit d Prüeffig bestande. Ds Manövriere hei mer jetz nid gluegt; aber das isch für Euch sicher keis Problem.»
«Nei», het ds Margrit ghuuchet u dänkt: jetz nümm!

Vernissage

«Du, lueg einisch!» het der Herr Chohler lysli zu syre Frou übere gseit. «Pscht!» het die gmacht u der Finger a d Lippe gha. Das Strychquartett het grad es fyns Piano gspiilt, dass me weiss Gott nid het dörfe dryrede.
Aber är het nid lugglo u se chlei gmüpft u gchüschelet: «Lueg einisch dört übere! Grediuus, vis-à-vis!»
«Jesses!» isch's eren use. «Das sy doch...»
«Pscht!» het är dasmol gmahnet, u tatsächlech het sech scho ne Heer vor ihm umdrääit u mit emne verergerete Stirnrunzle kund to, är möchti d Musig losen u nid gstört wärde.
Chohlers hei gschwigen u das Adagio vom Vivaldi wyterglost. Aber i Gedanke sy si beidi der Szenen uf em Parkplatz nacheggange.
Si sy einewäg scho spät dranne gsi u jetz scho zwöimol um dä Parkplatz ume kreiset, ohni e freie Platz z finge. I paarne Minute het di Vernissagen aagfange, u si hei beidi nid begährt z spät z cho.

«I cha de ömel dasmol nüüt derfür!» het d Frou Chohler öppe zum drittemol gseit, und är het vor sech ane brümelet: «We du das no einisch seisch, glouben i's de gly.»
«Du chasch mängisch ekelhaft zynisch sy!» het si giftig feschtgstellt u grad druuf grüeft: «Dört! Rächts!»
Aber das isch nume wider dä Mini gsi, won er scho zwöimol druf yngeheit isch, u sy Luun het kes bitzeli gheiteret.
Jetz hei plötzlech, nid wyt vorne, d Liechter vomnen Outo ufglüüchtet. Der Herr Chohler het aaghalte – u tatsächlech: Dä isch furtgfahre. Mit emnen elegante Boge het der Herr Chohler sy Wage chönne parkiere. Jetz het's ömel doch no glängt, rächtzytig zu der Vernissage z cho!
Aber Chohlers sy no nid zgrächtem usgstige gsi, wo's hinger ihne ghornet het. Si sy beidi erchlüpft u hei hingere gluegt. Es Outo isch tschärpis drinne gstange.
No wo sech Chohlers gfragt hei, was das söll, isch d Schybe vo däm Outo abeggange, und e Frouestimm het gchiflet: «Was meinet Dihr eigetlech? Uf dä Parkplatz warte mir scho sit zäh Minute.»
«He nu!» het der Herr Chohler gmacht u chlei übertribe: «Mir sy ou scho füfmol um dä Parkplatz ume kreiset.»
«Interessiert mi nid!» Dä Heer vom hingere Wagen isch ungerdessen ou usgstige gsi. «Machet mer my Parkplatz frei!» het er ghöische. «Aber chlei hantli!»
«Das fählti si grad no!» het der Herr Chohler gschnouzet u nes halbluts «Schnuderhung!» aaghänkt.
«Wi heit Dihr gseit?» het der anger Fahrer gfragt u sech breit vor em Herr Chohler ufpflanzet. «Schnuderhung?»
«Mira wohl!» het dä brummlet; aber grad wohl isch's ihm nümme gsi derby, u wo sy Frou grüeft het: «Chumm, Albärt, mir müesse goh!» isch er gleitig änenume und uf der angere Syte vo däm frömde Wage mit syre Frou em Fuessgängerstreiffe zue gmarschiert. Är het no öppis vo

85

«truurige Siech, e settige!» hinger sech ghört, het sech umdrääit und ou no wöllen e Kommentar abgä; aber sy Frou het ihm der Arm drückt, und er het wohl verstange, was si dermit het wölle säge.

Item, es het du no guet glängt. Di Vernissage het einewäg mit ere Viertelstung Verspätig aagfange – u jetz sy si do gsässe, Chohlers, u hei das Adagio vom Vivaldi glost u di Parkplatzgägner vo vori vis-à-vis vo sich gwüsst.

Ds Strychquartett isch fertig gsi. Mi het gchlatschet.

«Weisch was?» het der Herr Chohler zu syre Frou gchüschelet. «Mir houes!»

«Chabis!» het die gmeint. «Mir hei nüüt Verbottnigs gmacht.»

«Eh, das Schnuderhung!» het er ggä z bedänke; aber si het nume der Chopf gschüttlet u nüüt meh gseit, wil jetz grad der Dokter Bögli vo der Kunschtkommission uf ds Podium gstigen isch, für d Eröffnigsaasprach z halte.

Sider dass der Dokter Bögli sech über dä jung Künschtler het usglo, het der Herr Chohler Zyt gha, für sech syner Gedanke z mache zu däm Parkplatzchrieg vo vorhär. U zwüschem «Somit erkläre ich die Ausstellung als eröffnet» und em Allegro vom Mozart, wo ds Strychquartett het aagstimmt, het er zu syre Frou übere lysli gseit: «Jetz han i's: I gange mi ganz eifach go entschuldige!»

«Meinsch?» het si no zwyflet; aber do het scho der Mozart der Kunschtsaal usgfüllt, u der Herr Chohler het einisch meh gfunge, der Mozart heig eifach di heiterere Tön weder der Vivaldi.

Meersöili-Spreu

«Los, täätsch mer e Gfalle?» het der Reto graduus über ds Stüürrad y uf d Strooss use gmacht. «Hör doch bitte mit dym Sing-Sang uuf!»
Ds Gabi het zmitts i der Melody abbrochen u chlei spitzig «excusez!» gseit. Druuf het men es Zytli nume no der Motor ghört brummle; im Outo isch's still gsi.
«Jetz übertrybsch echlei», het der Reto nach paar hundert Meter gmeint, won er vo der Syte het gseh, wi sy Fründin styff u stumm isch doghöcklet u chuum meh het gwagt z schnuufe.
«Der Mister isch muff», het ds Gabi mit eren Outomatestimm vor sech ane brösmelet. «Mi darf ne nid störe.»
«Okay!» Der Reto het e Töfflifahrer überholt u gruuret: «Jo, i bi muff. U weisch du vilicht, wo mer hinecht pfuuse?»
«Uf emne Bänkli am Meer», het si vorgschlage.
«Ha!» Nume halbhärzig het der Reto glachet. «Das vergieng der de no gly, we du chalti Füess überchämsch.»
«Oder imne Füf-Stärn-Hotel», het ds Gabi zwitscheret.
Uf das isch er scho gar nid yggangen u het numen es «Mhm!» füredrückt.
A füfnen Orte sy si jetz scho abblitzt hinecht. Si sy ohni grossi Plän uf Les-Saintes-Maries abe cho u hei gmeint, hie es paar Tag z blybe. Aber so wi's usgseh het, hei si am gschydschte grad wider umgchehrt. Es het luter Dütschi gha, Holländer, Schwyzer, Öschtrycher, Belgier... Allwäg meh weder Franzose! U d Hotel sy alli bsetzt gsi.
Der Reto het rächts blinket und isch i nes chlyners Ströössli ybboge. Dört hinger het er no paar Hüser gseh u dänkt, vilicht fing sech hie no öppis; aber das sy du nume Burehöf gsi, und er het bbyschtet: «Wider nüüt!»

87

Chlei wyter vorne het's e Wägwyser gha. Rächts: Les-Saintes-Maries, linggs: Arles.
«Was wei mer?» het er gfragt und isch langsamer gfahre.
«Rächts!» het ds Gabi gseit.
Das het er eigetlech ou im Sinn gha; aber er het glych müesse giftele: «Bitte, we d Madame no ne Stadtrundfahrt wünscht!»
Jetz sy si anere Ponyranch düregfahre, und grad no im letschten Ougeblick het der Reto gläse: «Chambres». Aber si sy scho verby gsi.
«Du, do hätt's Zimmer gha!» het ds Gabi grüeft.
«I ha's gseh», het der Reto brummlet. «Dänk sowiso scho alles vermietet.» Und er isch wytergfahre.
«Wei mer nid go luege?» het ds Gabi gfragt.
«Bitte, vo mir uus!» het er fürebbyschtet. Bim nächschte Querströössli het er aaghalten u ds Outo gchehrt. Nächär sy si zrüggfahre.
Es isch tatsächlech no öppis frei gsi. Es chlyses, wysses Steihüsli, chlei näbenusse. Über nes holperigs Graswägli het me diräkt bis zueche chönne fahre.
Ds Gabi het mit syne Haselmuusöigli das Hüttli gmuschteret. 's isch eifach gsi, aber gmüetlech. Nach em Gängli ds WC mit emne Brünneli, linggs ds Zimmer mit zwöine Bett und emne Schaft, das isch alles gsi.
«Flöigegitter!» het ds Gabi feschtgstellt.
«Jo, Mugge het's dänk ou wi ne Moore», het der Reto gmuulet. Sy Erger isch no nid verfloge gsi. Är het grad ds Gepäck ynetreit.
«Was Guggers hesch de du do?» Ds Gabi isch uf sy Fründ zueggangen u het ihm öppis ungerem Arm fürezoge. Es länglechs Päckli. Es het drufgstieret, nächär het's aafo lache, lache. Es het müessen uf ds Bett hocke, derewäg het's ds Lache gschüttlet.

«Was isch de ömel ou los?» het der Reto gfragt und isch näben ihns go hocke. Es het das Päckli i den Arme gha, und är het gluegt, was do dranne so Luschtigs syg.
Är het zwar gäng no nüüt Luschtigs gseh gha, aber das Lachen isch derewäg aasteckend gsi, dass er het müessen ystimme, göb er het wöllen oder nid. U der Erger isch süferli zum Flöigegitter uus verschwunde.
Erscht nach emne Zytli het ds Gabi chönnen usegugle: «Ds Meersöili-Spreu, won ig em Mami hätt sölle heibringe, hei mer ypackt u mit uf Frankrych gno. Meersöili-Spreu!»
U druuf het's wider losglachet, dass es Tränen i d Ouge het übercho, u der Reto het derzue di zwöiti Stimm gguglet.

Elektrischi Schybe

Grad wi wen er scho gäng so nes Outo hätt gha, isch der Heiri Blösch ygstigen u dervogfahre. Derby het er's grad vori gchouft u bar zahlt. Jetz isch es sys gsi!
Nid wyt isch er gfahre. Nume grad so wyt, dass me ne vo der Garage uus nümme het chönne gseh. Dört isch er uf ene Parkplatz u het ds Outo abgstellt. Är isch usgstigen u zringsetum glüffe. Im verschleikte het er vorne der hällbruun Kotflügel chlei gstrychlet.
Jo, es isch scho chlei öppis angers gsi weder sy alt roschtig Chäfer. Jetz het ne de niemer meh bruuche z föpple.
Der Heiri isch wider ygstige. Är het no wölle di Chnöpf alli usprobieren u se mit der Gebruuchsaawysig verglyche. Do het's allergattig gha: d Liechter, d Schybewüscherstellige, ds Panneliecht, d Heizig, d Chüelig, der Blinker. U do isch no ei Chnopf gsi, won ihm's em meischte het chönne: d

Fänschter! Mi het di vordere Schybe linggs u rächts elektrisch chönnen abelo.

Der Radio isch uf Hochtoure glüffe, der Heiri isch mit sym Studium fertig gsi. Är het chönne goh.

Won er deheimen isch zuechegfahre – rassig natürlech, fasch chlei z rassig, är het d Grössi vo däm Wage no nid im Gspüri gha –, isch der Bärtschi Housi vo näbezueche dört gstange. Zerscht het er chlei verwunderet gluegt, nächär het er e Grimasse gschnitten u Zeiche gmacht.

Der Heiri het scho verstange, was er het wölle säge; aber er het glych ds Chnöpfli drückt u ds rächte Fänschter abegmacht.

«Was isch?» het er zum offnige Fänschter uus der Housi gfragt.

«Wowohl, dä Heer git's gschwulle!» het der Housi gmeint und isch nöocher häre cho. Är het sech das Outo lo erklären und ömel ou e Demonstration vo de Fänschter übercho.

Am Nomittag, won er ds Outo het ygruumt gha, het der Heiri du no mit den Elteren es Fährtli ungerno u ne das Outo vorgfüert. Ömel d Fänschter sy ou dracho.

U gägen Ooben isch er go ds Anita abhole. Es het ne wunder gno, was ächt äs zu sym neue Wage sägi; är het ihm nämlech nüüt verrate gha.

Hingäge die Reaktion hätt er de doch nid erwartet gha.

«Was isch das für nes Outo? Dys?» het's mutz gfragt u derzue d Stirne grunzlet, wo's dä Wage gmuschteret het.

«Mhm.»

«U wo hesch der Chäfer?»

«Furt.»

«Schad.» Ds Anita isch ygstige, är het ihm d Türe zuegmacht. Won er ou gsässen isch, het äs no gmeint: «Der Chäfer het mir besser gfalle.»

«Wart nume, bis mir fahre!» het er glachet; aber chlei möge het's ne scho, dass ds Anita nid begeischteret isch gsi. «Gspürsch, wi me guet hocket?» u: «Lueg jetz mol dä Aazug!» het er gäng wider grüemt. Äs het nid viil derglyche to. Ou di elektrische Fänschter hein ihm kei Ydruck gmacht.
Si sy a See ufen öppis go ässe. U nach em Znacht hei si no chlei wölle go spazieren am Ufer nache. Aber scho chuum sy si paar Meter vom Huus furt gsi, het's aafo tröpfele.
«D Fänschter!» het sech der Heiri möge bsinne, u si hei gleitig Chehrt gmacht u sy uf e Parkplatz zrügg. Richtig: Beidi Fänschter vorne sy sperrangelwyt offe gstange.
U jetz het's feschter grägnet. Ds Anita isch ou ygstige. Us em Spaziergang gäb's dänk nüüt, het es sech gseit. U gluftet het das ungereinisch! Es het der Räge nume so dür ds Outo düre blooset.
«So mach doch d Fänschter zue!» het ds Anita grüeft, und är het brummlet: «I probiere's jo scho di lengschti Zyt!» Es het jetz gsträäzet wi us Chüble. Di dicke Rägetröpf sy im Liecht vom Outo uf em schwarzen Asphalt wider ufggumpet u hei Blaatere gmacht. 's wär schiergar no schön gsi, we me nid so nass worde wär derby.
Der Heiri het gäng u gäng wider probiert. Är het das Schalterli drückt, dranne griglet, feschter drufpresst – alles für nüüt. Di chätzers Fänschter hei nid ufe wölle. Zletscht isch ihm nüüt meh angers blibe, weder mit offnige Fänschter furtzfahre.
«Dä Schysschare!» het der Heiri einisch ungerwägs füregworgglet. U ds Anita het hinger em ufeglitzte Chrage fürebrösmet: «I weis nid – langsam foot er mir aafo gfalle.» Aber do isch grad wider e Camion düregfahre, und e Schwall Wasser isch zum Fänschter y plötscht, dass si beidi zämegschosse sy.

«Jetz göh mer zu mir hei!» het ds Anita vorgschlage. «Üs go wermen u go tröchne. Du chasch em Vatter sy Morgerock aalege, Heiri. Die chöme nid vor Mitternacht hei.»
Di Idee het der Heiri gar nid schlächt gfunge; aber er het glych no müesse chifle: «U nächär chan ig i dere Badwanne voll Rägewasser heizue fahre!»
Si hei beidi müesse lache, wo si sech das Bildli usgmale hei; aber do isch grad wider es Outo etgäge cho, u si hei d Chöpf unger der Duschen yzoge.
Wo der Heiri bim Anita deheimen uf e Parkplatz gfahren isch, het er glych no einisch probiert – u tatsächlech: D Fänschterschybe sy mit emne lyslige Summen obsi gfahre, d Fänschter sy zue gsi!
«E Wackelkontakt!» het der Heiri gstaglet. «I mues de am Mändig grad i d Garage mit ihm.»
Är het scho gmerkt gha, was los isch gsi: Är het ds Schalterli vo der Innebelüüchtig mit däm vo de Fänschter verwächslet. Aber i d Garage het er einewäg wölle. I däm Fall giengt jo d Innebelüüchtig nid.
«Item, nass sy mer einewäg», het ds Anita gmeint. «Chumm, mir wei ufe!» U gäge das het der Heiri eigetlech nüüt yzwände gha.

Im Gofer ybschlosse

Aha, jetz syg er also do no ygschlooffe, het der Herr Nyffeler feschtgstellt. Är het d Bei aazoge gha und isch uf der Syte gläge. Der Chopf het er uf den Arme gha. Är het sech nid bewegt, chuum gwagt z schnuufe.
Ganz ruehig blybe! het er sech gäng u gäng wider befole. Nume nid ufrege jetz. Ganz langsam schnuufe.

Wi lang längt ächt d Luft i somene Gofer? Der Herr Nyffeler het's scho jetz dunkt, är heig chlei Müei, und er het probiert, ganz tief yzschnuufe. Mhm, di Luft isch scho nümm so guet gsi.

Wi lang isch er ächt eigetlech scho do im Gofer gläge? Är het sech nid möge bsinne. Är het ds Gfüel gha, dass es gäge Morge gangi, und er hätt gärn uf der Armbanduhr gschouet, wi spät dass es syg; aber er het sech nid getrout, der Arm füreznäh.

So, jetz ganz ruehig überlege! Der Goferdechel isch zue gsi; göb me ne vo dinne chönn ufmache, het der Herr Nyffeler nid gwüsst. Wi ds Härz popperet het! Nume ruehig blybe, klar überlege!

Ds Schnuufe het gäng herter gha. Langsam isch de allwäg gly kei Luft meh do inne gsi. Es het öppis müesse goh.

Süferli, für nienen aazputsche, het er der Chopf ufgha, für chönne der lingg Arm füreziieh. Är het uf d Uhr gluegt. D Lüüchtziffere hei grüen gflimmeret. Grad drü gsi, het er zur Kenntnis gno. Drü – am Morgen oder am Nomittag? Jetz het das Härz scho wider so Gümp gmacht! Wen er nume chönnt ruehig blybe. Oder isch das scho nen Uswürkig vom Luftmangel gsi?

So. U jetz ganz systematisch vorgoh! Do obe nöime het ds Schloss müesse sy. Mit em linggen Arm het sech der Herr Nyffeler langsam vortaschtet. Es Zytli het er nüüt gfunge. Do het er ne sytlige ganz usgstreckt. Ou nüüt. Komisch. Är het gar nid gwüsst gha, dass der Gofer vo sym Outo so gross syg.

D Füess sy unge a öppis aagstange. Är het se nes bitzeli bewegt. Wo si anenang sy cho, het der Herr Nyffeler gmerkt, dass er bluttfuess syg, u das het ne chlei verwungeret.

Är het mit de Füess chlei gäge di Wang gstosse, do het die

nacheggä. Är het d Bei richtig chönne strecke. Mit chlei Müei het er sech sogar uf e Buuch chönne drääje.
D Ungerarme het er unger d Bruscht gstosse. Nächär het er der Chopf u der Oberkörper langsam ufgha. Är isch nienen aaputscht. Do het er no grad ds Hingeren ufglüpft und isch mit de Chnöi nachegraagget. Won er uf allne vieren isch gstange, isch er nümme druus cho. Jetz het's nen aber wunger gno: Är isch uf d Füess ghocket u het sech ufgrichtet. U wo ou das problemlos ggangen isch, het er afe ds lingge Bei zaghaft füregno, u ganz düüsselig isch er ufgstange.
Won er ir volle Grössi do gstangen isch – beid Armen usgstreckt –, isch ds Liecht aaggange.
D Frou Nyffeler het ungerufe blinzlet u ganz verwungeret u verschlooffe gfragt: «Was machsch de du, Markus?»
Är het sech i ds Bett zrügg lo troole. «Nüüt, nüüt», het er hurti gmacht u d Dechine wider gno. «I ha nume dumm tröimt.» Är het sech zuedeckt. «Schloof nume wider.»
«Mhm», het d Frou Nyffeler gmurmlet und allwäg scho wider gschlooffe. Är het no ds Liecht glösche, nächär het er sech wohlig gstreckt. Also nume tröimt het er!
Und er het no einisch probiert, sich vorzstelle, är ligi im Gofer vo sym Outo. Är het sech uf d Syte drääit, d Chnöi aazoge, der Chopf i d Arme gleit, fyn gschnuufet – nei! Hurti het er sech wider gstreckt. Är het nümme wölle dra dänke; es het ne gäng no tschuderet.

Ds Öpfelgröibschi

Anstatt über d Outobahn sy si dür e Frienisbärg heigfahre, der Bürki Heinz u der Bangerter Röbu. Es isch e prächtige warme Meietag gsi, überall het's blüejt u grüent. Ds Schiebedach vom Outo isch offe gstange. 's isch Frytigoobe gsi. Fyrabestimmig.
«Reck doch schnäll hingeren i my Täsche, Röbu», het der Bürki Heinz am Länkrad zu sym Kolleg gmacht. «'s het no Öpfle drinn. Wottsch ou eine?»
«Nei, merci», het der Bangerter Röbu umeggä; är het sech scho umdrääit gha und i dere Täsche gnuelet. Är het richtig en Öpfel gfungen u nen em Kolleg ggä. Dä het wacker drybbissen u mit eir Hang wytergreiset.
Jetz sy si a ne Boustell gfahre, u d Ample het grad vo Orange uf Rot gwächslet. Der Bürki Heinz het sy Öpfel zwüsche d Zähn gno und abegschaltet, brämset, ghalten u der Motor abgstellt. Nächär het er wyter sy Öpfel gmampfet.
Vo der Gägesyte sy ne Zyleten Outo cho, und ou hinger ihne sy scho zwee, drei aagstange. Das mües allwäg no ne längi Boustell sy, het der Bangerter Röbu gmeint.
«Die loche scho lang do», het der Bürki Heinz gseit. «Kanalisation oder so öppis.» U mit emne Schwung het er ds Öpfelgröibschi zum offnige Dach uus bbängglet.
Der Bangerter Röbu het zuegluegt, wi's höch im Bogen usegflogen und i nes früsch gmääits Räseli tätscht isch.
Genau i däm Momänt isch us emne Schöpfli näb em Huus en eltere Maa cho. Vermuetlech het dä dört ds Wärchzüüg verruumt gha, und er het das Gröibschi ou gseh lande; hingäge het er nid gseh gha, wo's härcho isch.
Es Zytli het er uf das Öpfelgröibschi gstieret, nächär het er ufegluegt zur Strooss.

«Du, Heinz, i gloube, du heigsch eine toube gmacht», het der Bangerter Röbu lysli zu sym Kolleg gseit. Dä het nume gnickt; är het schynt's dä elter Maa ou scho gseh gha. «Nume nüüt derglyche tue!» het er gchüschelet, wo jetz dä Maa langsam ds Wägli zdüruus gägem Gartetöri zue gmarschiert isch. «Dä het nid gseh, wär's gsi isch.»
«Aber lueg, jetz chunnt er!» het der Bangerter Röbu zischlet, u tatsächlech isch dä Maa zum Gartetöri uus uf d Strooss use cho u het sech umgschouet. Är het desumegluegt wi ne Muni, wo no nid weis, uf wele das er los wott. «We's nume Grüen würd!» het der Bangerter Röbu bbyschtet. Ihm isch's gar nid wohl gsi bi dere Sach. Der Bürki Heinz het ne gluegt z tröschte: «Eh, ömel der Chopf abschrysse chan er üüs nid!» Aber chlei närvös umegrangget isch ou är.
Jetz isch dä elter Maa bim Outo hinger ihne blybe stoh u het aafo losschimpfe wi ne Rohrspatz. «Söinigglen» u «Umwält» u «früsch gmääit» sy Fätze vo dere Schimpftyrade zum offnigen Outodach y cho. U gfuchtlet het er!
Der Bürki Heinz u der Bangerter Röbu hei sech müxlistill gha. Nach emne Zytli isch's still worde. Offebar hei sin ihm vo dinne Bscheid ggä.
U jetz isch dä Maa mit länge Schritte fürecho. Grad won er a ds Fänschter bim Bangerter Röbu gchlopfet het, isch's Grüen worde.
«Grüen!» het der Röbu bbäägget; der Heinz het's scho gseh gha u der Motor aaglo. No gäb dä Maa zum zwöitemol het chönne topple, sy si dervogfahre.
Si hei sech nid umdrääit; aber im Rückspiegel het der Bürki Heinz gseh, wi ne dä Maa nachepfuuschtet het.
«Eh, i ha's jo nid äxtra gmacht!» het er brümelet, u nächär hei si beid zäme müesse lache, lache wi Schuelbuebe, wo nach emne Streich grad no hei mögen etwütsche.

96